Confront

一瞬の選択力

瞬時にベストな解を出す方法

今井千尋
ディズニー、ユー・エス・ジェイ元人財育成トレーナー
株式会社ワンダーイマジニア代表

内外出版社

Confront ——〈人・物〉に立ち向かう

（おびえず）に直面する（『プログレッシブ英和中辞典』より）

転じて〈本書では〉目の前に突然、偶然のように起こる出来事、物事から逃げず、主体的に直面することで問題を課題に変え、自分の限界を突破していく力のこと

プロローグ――たった「5秒の思考」で未来が変わる

「問題」を「課題」に変える力をつけよう

本書は、たった5秒、考えるだけで人生を変えていく本です。

今、きっとほとんどの人が「そんなのウソだ」と思ったことでしょう。「じゃあ、今から5秒考えたら、今後の人生が変わるわけ？　そんなはずがない」と。

では、ここでちょっと振り返ってみてください。

日々、仕事やプライベートで、こんなふうになっている覚えはありませんか？

やらないといけないことがある。でも、今日はあまり気分が乗らないから、明日やればいいか……(そして、いつまでもやらない)。

自分をもっと向上させるために、新たに習慣づけたいことがある。だけど、今日は疲れているから、明日から始めよう……(そして、いつまでも始めない)。

上司や顧客、あるいはプライベートの人間関係で、苦手な相手に、自分から伝えなくてはいけないことがある。だけど、今はタイミングが悪いような気がするから、もう少し後にしよう……(そして、ずるずると伝えるのが遅くなり、トラブルに発展する)。

人は、頭の中では、いくらでも「いいこと」や「やるべきこと」を考えられます。でも、それを実際に行動に移すのは、じつは意外と難しい。なぜかというと、頭の中で考えた「いいこと」「やるべきこと」は、今の自分にとって、ちょっとだけ(あるいはすごく)ハードルが高いことだからです。

だから、考えたまではよかったけれど、「やっぱり面倒だな」「嫌だな」といった感情に影響されて、「今日は気分が乗らないから」「今日は疲れているから」「今はタイミングが悪いから」と、やらない理由を考え、「行動しない」という選択をしてしまうのです。

もし、あなたが「なんだか最近、うまくいかないな」「イマイチ突き抜けられないな」などと今の自分に何かしら限界を感じているとしたら、おそらく、今、お話ししたようなパターンが根付いてしまっているからでしょう。

本書は、そのパターンを、ガラリと変えていただくためのものです。

そこでキモとなるのが、最初に言った「5秒間」なのです。

ネガティブな感情に影響され、「やらない理由」を考える5秒間と、自分がやるべきことをしっかり自覚し、まるで当たり前のようにベストな行動の扉を開く5秒間は、同じ5秒間でも、その結果は、大きく違います。

まるで電車の切り替えポイントのように、この5秒間で、未来の行方がまったく変わってしまうのです。

本書では後者、つまり何かに直面＝コンフロントした最初の5秒間を、つねに「自分がやるべきことをしっかり自覚し、まるで当たり前のようにベストな行動を選択していく最初の扉を開く5秒間」にできる、そんな自分になっていただこうというわけです。


人間の脳には、「自動反応機能」が備わっています。

何か困難なことが起きたときや、何か「やらなくてはいけないこと」があるときに、「やらない理由」を考え出して逃げるか、即座に行動する道を選ぶか、これは、普段の思考のクセによって、ほぼ自動的に決定されるということです。

私はこれを、**「問題を課題に変える力」**と呼んでいます。

何か「問題」があるときに、「どうしよう」「しんどい」「なんとかしなくちゃ」となるのは、悩んでいるだけで考えていない状態です。このように「問題」を「問題」のまま抱え込んでいても、何も解決しないし、前に進みません。

ここで本当に必要なのは、その問題を「自分ごと」として、真正面から向き合うこと。問題とコンフロントし、「この問題を解決へ向けて一歩前進させるために、自分に何ができるだろう？」という思考です。

これが、「問題」を「課題」へ変えるということです。「この問題を解決へ向けて一歩前進させるために、自分に何ができるだろう？」と考えることができたとき、自分の力で物事を前に進めることができるのです。

問題を問題のまま抱え込むか、問題を、前向きに取り組むべき課題に変えるか。

そのどちらの道を自分に選ばせるかが、たった5秒の思考で自動的に決まってしまうというわけです。たとえ小さなことでも、やるのとやらないのとでは大違いであり、問題を課題に変えることで、大きな第一歩を踏み出せるのです。

それにもかかわらず、おそらく多くの人が、問題を問題のまま抱え込む道を選んでしまっているのではないかと思います。

壁にぶつかるとすぐに諦めてしまう。

「やらなくちゃ、やらなくちゃ」と思いつつ、後回しにしてしまう。

がんばっているつもりなのに、なぜか成果が出ない。

なかなか向上できず、ずっと同じ場所でくすぶっている気がする。

何かと理由をつけて、チャレンジを避けている。

——すべて問題を問題のまま抱え込んでいるサインです。コンフロントすることで問題を課題に変え、行動につなげていく思考グセ、脳の自動反応が起こっていないのです。

あなたは、いかがでしょうか？


これは、個々が生まれもった能力うんぬんの話ではありません。

問題を問題のまま抱え込む、というクセがついてしまっているだけ。それによって一番傷つくのは、自分自身です。なぜなら、問題を問題のまま抱え込んでいると、脳が「問題を抱え込むモード」に入ってしまうからです。つまり、どんどん問題が蓄積していって、悩みだらけの人生になってしまうということです。

でも、このクセさえ変えてしまえば、問題解決や成果に結びつく行動をとっていくことが、断然できるようになります。

人生には、じつは無数の選択肢があります。

誰にだって、本当はもっとできることがあるし、選べる道もたくさんある。問題を課題に変えられるようなクセをつけるだけで、無数の選択肢から自由に道を選び取り、自分が思い描くとおりに人生を形作っていくことができるのです。

人類史上最大級のミッションを叶えた考え方

「問題を課題に変える力」について考えるとき、私が必ず思い出すのは、アメリカの元大統領であるジョン・F・ケネディです。現代に生きる私たちにとっても、素晴らしい教えを含んでいます。

1951年5月25日、ケネディは、連邦議会特別両院合同会議において、「10年以内に人間を月面に着陸させ、安全に地球に帰還させる」という声明を出しました。

これに対し、世間では大バッシングが起こりました。「今の技術力で月に行くなんて、無謀すぎる」と。でも、ケネディは「We should go to the moon.（私たちは月に行くべきだ）」と言い続けました。その思いは、次のような考えに支えられていました。

「私たちは月に行くことを選択した。

それは容易だからではなく、フットボールでライス大学がテキサス大学に勝つくらい（つまりほぼ不可能というくらい）困難だからであり、その目標を私たちの熱意と技術の最高度を組織し、それを図ることに資するからである。

また、その挑戦が私たちを喜んで受け入れ、後回しにすることをよしとせず、そして私たちに目標と、その達成に付随する他の成果物を獲得したいと思わせる挑戦だからである」

つまり、月に行くのはもちろん困難であるけれども、だからこそ、それは挑戦のしがいのあることであり、この挑戦は、乗り越えた暁に素晴らしい成果をもたらす類の挑戦である。だから、人類は月に行くべきなのだ——ということです。

こう考えた瞬間から、「月に行く」という話は夢物語ではなくなり、人類共通の目標になりました。言い換えれば、ゴールを思い描くことからすべてを始めたことで、とうてい解決できない問題ではなく、着実に取り組んで実現していくべき課題となったわけです。

では、この人類史上最大級の挑戦は、はたして、どう帰結したでしょうか。

ご存知のとおり、1969年、人類は月面に着陸し、無事に帰還しました。そして、この偉業の象徴ともいえる「サターンVロケット」を超える動力のロケットは、月面着陸からちょうど半世紀が経った2019年においても、いまだ作られていません。

それくらい「想い」を成し遂げる力を発揮すると、他の追随を許さない素晴らしい動力源ができるのです。絶対に不可能と言われた問題を課題に変えられたからこそ、当時のみならず現代の技術力をも超える偉業が成し遂げられたわけです。

ジョン・F・ケネディ

© Everett Collection/amanaimages

サターンVロケット　© Gakken/amanaimages

問われているのは、「自分は何者なのか？」

話を戻しましょう。私たちの日常においても、問題を課題に変える思考のクセは、人生を根底から変える力を秘めています。

そこで問われるのは、「どうやるか」ではありません。先ほどもいったように人生には無数の選択肢があり、困難を乗り越えたり、物事を前に進めたりする「やり方」は、実際にはゴマンとあるからです。

では何が問われるかというと、それは「あり方」です。「我は何者なのか？」、もっといえば「使命はいかに？」という「あり方」が、次の行動、「やり方」を決めるのです。

ちょっと物騒なたとえ話になりますが、ある場所で突如、火事が起こったとします。

あなたは、偶然、その場（外出先であり、自らの所属する場ではありません）に居合わせました。

想定外のことは突如として起こります。さてあなたは、そんな偶然の、突如として起こった出来事を前にどう反応しますか？　たとえば、身の安全をまずは守るためにその場から逃げる、消防車を呼ぶ、スマホで撮影する、「うわ～大変だ」と消火活動を見守る……おそらく、こんなところでしょう。

では、仮にあなたが「消防士」だったとしたら、どうでしょうか。

迷わず駆けつけて火を消そうとするはずです。中に人が取り残されていると聞けば、きっと躊躇することなく火の中に飛び込んでいくはずです。「火の手があんなに！　どうしよう、どうしよう」なんて考えず、5秒とかからない自動反応として、そうするでしょう。消防士ならば、そうするのが「当たり前」だからです。

これが、「あり方」の違いです。「あり方」が、やるか、やらないか、やりたいかどうか、やるべきだと決めることができるかどうか（決断する）、という行動を自動的に決めるのです。

トップアスリートを例にとっても、わかりやすいかもしれません。

彼らが、常人には想像もつかないほどの厳しい練習を重ねるのは、なぜでしょうか。

それは「圧倒的な夢（目標）のひとつであったオリンピックに出るんだ」「そのスポーツの頂点である金メダルをとるんだ」「今までお世話になった人々、支えてくれた人々すべてに、メダルをとって恩返ししたい！」といった目標があるからです。「自分は、その目標を達成する存在である」という「あり方」が定まっているからです。

だから、ハタから見れば「なぜ、そこまでできるの？」ということでも、当人にとっては「そうするのが当たり前だから」、できるのです。やはり「あり方」が、自動反応として行動を決めているわけです。

すべては「この5秒間」にかかっている

やるか、やらないか、どうやるか、やるべきだと判断できるか。

問題を問題として抱え込む（悩むけど考えていない）か、取り組むべき課題に変える（現状を変革するために切り込んでいく）か。

すべては、物事にコンフロントした最初の5秒間の思考にかかっています。

この話は、じつは、アメリカのテレビ司会者、メル・ロビンス氏が提唱している「5秒の法則」からヒントを得ています。

ロビンス氏による「5秒の法則」とは、「やるべきことが頭に浮かんだら、5・4・3・2・

1・GO！　で行動に移す」というもの。たとえば、早起きするときに、「5・4・3・2・1・GO！　で起き上がる」、勉強しなくてはいけないときに、「5・4・3・2・1・GO！　で勉強を始める」という感じです。

ただし、こうした習慣的なものなら効果的でも、不測の事態や少し強度の高い問題が起こったときに、ただカウントするだけだと「イヤだ、面倒臭い、やりたくない、どうしよう、どうしよう」と感情的になり、問題を問題として抱え込む5秒間になりかねません。

この5秒間を、どんなときでも有効に働かせるには、やはり、5秒間に「どう考えるか」が重要なのです。

そして「どう考えるか」は、すべからく「我は何者なのか?」「使命はいかに?」という「あり方」を振り返るということです。

「あり方」とは、次にとるべき行動の目的や意義を見出したり、思い出させてくれたりするもの。そうして自分の「行動の指針」となるものです。

だから、自分が定めた「あり方」に立ち返ることができたときに、とるべき行動を、迷いなくとることができるのです。それも、今までの自分を軽々と超えるような、大きな成果につながる行動を、です。

そんな「あり方」の自動反応が定着するにつれて、もはや5秒すら必要なくなるでしょう。それこそ消防士が、5秒とかからずに火を消す行動に出るように。

この5秒間を、冒頭で振り返っていただいたように、「嫌だ」「面倒くさい」といった感情に影響され、「やらない理由」を考える5秒間とするのか。

それとも、この5秒間を、しっかりと定まった「あり方」に従って、自分の限界を突破していけるような正しい行動の最初の扉を開く5秒間とするのか。

このふたつのうち、どちらの選択をする自分をつくっていくかで、人生は大きく変わっていくということなのです。

これから、人間の感情、思考、行動、言葉のメカニズムを解き明かしながら、自分の人生を、自分の力で好転させる方法をお話ししていきます。5秒間を境に、自分の限界を突破し、人生を大きく向上させていく。それを可能とするクセを、ぜひ身につけていってください。

目次

3章

「行動」のクセを変える 131

4章 「言葉」のクセを変える

5章 圧倒的に「選ばれる人」になる 211

カバーデザイン　小口翔平＋山之口正和（tobufune）
本文デザイン・ＤＴＰ　小田直司（ナナグラフィックス）
編集協力　福島結実子

1章

「感情」がすべてを決めている

「まさか」のときに、どう反応するか

周りの人との関係や、物事の進み具合、仕事などの成果。まとめていえば、人生のすべてを左右するもの——それは「感情」です。

生き物は、たえず外界からの刺激に反応しながら生きています。

草食獣は捕食者の存在を感じれば逃げるし、肉食獣は獲物の存在を感じとれば追いかけます。ペットの犬は、大好きな飼い主が帰宅したら尻尾を振って出迎えるし、猫は、目の前で猫じゃらしを振られたら飛びつきます。

すべて、外界からの刺激に対する反応です。

ただ、人間には、彼ら動物と大きく異なる点があります。

それは、唯一、人間だけが「思考」することができるという点です。

おそらく犬や猫にも、感情はあるでしょう。でも、外界からの刺激に対して、ある感情を抱き、そのうえで、どんな行動をとり、どんな言葉を発するかを「考えて選択する」と

いうのは、人間にしかできないことなのです。

先ほど、人生のすべてを左右するのは感情である、といいました。

より厳密に言い換えるとしたら、それは、感情に端を発する思考、行動、言葉を変えていくと、人生は大きく変わる可能性に満ちているということです。

手始めに、すべての発端となっている感情について、少しお話ししておきましょう。

人生には上り坂もあれば、下り坂もあります。

誰もが、上り坂ならばポジティブな感情を抱き、下り坂ならばネガティブな感情を抱くでしょう。これらの感情に思考、行動、言葉が支配されることもありますが、多くの人は、無意識のうちに備えているものです。

上り坂ならば、ポジティブな感情をもっていっそう精進する。あるいは、人生が下り坂に入っていると感じたら、ネガティブ感情に支配されそうになりながらも、なんとか気持ちを引き上げて乗り越えようとする。あなたにも、きっと覚えがあると思います。

一方、人生には、こうした「備え」ができない人生の坂もあります。

それは、「真《まこと》の坂」——そう、「まさか」のときが起こったときは、つい感情のままに行動し、言葉を発しがちです。

そのために、「あんなことをするつもりはなかったのに」「なんであんなこと言っちゃったんだろう」などと後悔する羽目になる。これも、きっと多くの人に思い当たる節があるはずです。

だからこそ、重要なのは「思考」を介在させること。「まさか」のことが起こり、ある感情を抱いたときに、まず考え、そしてどんな行動を取り、どんな言葉を発するのかを選択することなのです。

人の真価は「まさか」のときにこそ露見するものです。人生は「まさか」のときの対応力にかかっているといってもいいでしょう。

「まさか」のときの対応力を、私は**「コンフロント力（直面力）」**と呼んでいます。

コンフロント力とは、**偶然を必然へ、悩みを課題へと変えるための基礎力**のこと。言い換えると、「自分に矢を刺す」ということです。

ここでいう「矢」とは、自分の「意識」です。そしてコンフロントする、自分に「意識という矢を刺す」とは、「当事者意識をもった当事者」として、目の前に突如として起こった出来事、物事に向き合うということです。そこから、偶然を必然へ、悩みを課題へと変えるというすべてが始まるのです。

思わぬことが起こったときに、多くの人はそれを偶然ととらえます。「私がたまたま、ここにいなかったら、この災難は別の人に降りかかっていたはずなのに」と、ネガティブ感情に支配されてしまうのです。

それでは、ただ「損した」「これは偶然にも降りかかってきたことなんだ」と自らに決着し、その起こった状況を悲劇として悩むだけで、何も解決しないでしょう。

でも、目の前で起こっていることに、「当事者意識をもった当事者」として向き合えば、同じ出来事でも、まったく違う景色が見えてきます。偶然は、自らを根源として起こるべくして起こった「必然」に、悩みは、「自分を成長させる問いかけ＝課題」へと変わります。

こうして起こる変化は大きなものですが、そのためにするのは、たったひとつ――。

まずは最初の「5秒」だけ自らに向き合う。これが、すべての出発点です。

「神様、私はここで目の前で起こっている（目を背けたくなるような）ことから何を学べと言われているのでしょうか」

という質の高い問いを立ててみること。この5秒が、その後、いい行動、いい言葉を生んでいくための第一関門なのです。今まで自分で自分にはめていた枷《かせ》がはずれ、限界を突破する出発点となる5秒間、といってもいいでしょう。

「刺激→即反応」にしないといっても、ただ数字を数えて「5秒、待つ」のではありません。この5秒間の間に、ネガティブ感情が渦巻くだけでは、何も意味がないからです。

かといって、生じてしまったネガティブ感情を否定するわけでもありません。

感情に任せて衝動的になるのではなく、ただ5秒間、その出来事は、いったい自分に何を学ばせるために起こったのかと自らが主体的に考えてみる。すると、その後の行動や言葉も、明らかに変わっていきます。

たとえば、相手に怒りをぶつけるのではなく、何が腹立たしかったのか、その真意を相手にわかるように、言葉を吟味して伝える、というように。人生は、この繰り返しによって、らせん状に上昇していくんだと考えてください。

自分のご機嫌は、自分でとる

突然ですが、想像してみてください。

ある平日の朝、あなたは仕事の段取りを考えています。「まずこれを片付けて、次にあれに着手して、午後イチくらいまでに終わらせて、そうしたら明日の準備もできるな……と。よし、今日は楽勝だ！」と、さっそく、最初の仕事に取りかかりました。

そこに上司がやってきて、あなたに何やら資料を手渡しながら、言いました。

「これね、先月のイベントで参加者に配ったアンケートの回答なんだけど、データ集計と今後の課題の抽出、お願いできる？」――そんなとき、どう思うでしょうか？

おそらく多くの人が、「ええー！　そんなの急に言われても……まったく」と上司を恨みたくなるでしょう。そして、きっと心の中で悪態をつきながら、今日の段取りは二の次にして、上司の指示を最優先に片付けようとするに違いありません。

でも、そんな感情のまま仕事をしたら、いったいどんな出来になるでしょうか。

そして、仕上げた仕事を上司に提出します。指示どおりに終わらせることはできたけど、上司から急に仕事を振られたために、自分の段取りが崩れたことは、心の中でくすぶっています。

そんな感情のまま上司に接したら、いったいどんな態度や言葉になるでしょうか。

ネガティブな感情は、人の思考を鈍らせます。心の中で悪態をつきながら仕上げた仕事と、前向きな気持ちで仕上げた仕事とでは、出来に大きな差が出ても不思議はありません。また、ネガティブな感情を抱いたまま人と接すれば、表面上は取り繕えても、言葉の外には漂うものです。それを察知されたら、少なからず相手の心証を損ねることになるでしょう。

このように、ネガティブ感情には、自分のパフォーマンスにおいても、周囲の人との関係においても、何もいいことがないのです。

では、似たような状況でも、次のようだったら、どうでしょう？

あなたが今日1日の段取りを考えていたところへ、資料を片手に上司がやってきて言いました。

「これね、この間のイベントで配ったアンケートの回答なんだけど、データ集計と今後の課題の抽出、お願いできる？　今週中に。忙しいところ悪いんだけど、今度、君がプロジェクトチームの一員に選ばれたイベントにも、すごく役立つと思うんだ。集計結果と課題をチームでシェアすれば、きっと成功につながるような、いいアイデアにつながるよ」

いかがでしょう。かなり捉え方が変わるのではないでしょうか。

心の中で悪態なんてつかず、「へえ、今度のイベントに役立ちそうなのか。あれは絶対、成功させたいから、みんな気合入ってるし、有益な情報をシェアしたら、すごく貢献できるだろうな。さっそく明後日、初回ミーティングがあるから、明日には終わらせておこう。よし、どれどれ……」なんて、より前向きに取り組めるはずです。

こういうことを言うと、「それはそうだけど、うちの上司は、そこまで言ってくれるほど親切じゃない」「こんなふうに、いつも、ちゃんと言葉にしてくれればいいんだけど……」、そんな声が聞こえてきそうです。

もちろん、上司もいろいろですから、ときには言葉足らずなこともあるでしょう。

そんなときは、自分から聞いてみればいいのです。「承知しました。ところで、いつまでに必要ですか?」「かしこまりました。ところで、この仕事の着地点（目的）はどこでしょうか?」などと。

最初は勇気がいるかもしれませんが、こうした自分からの働きかけがあって初めて、上司は、仕事を振った本当の理由、つまり「この仕事は、あなたが次に取り組もうとしていることに役立つ」といった情報を開示してくれることも多いのです。

納期が曖昧だった場合も、自分から確認すれば、「今日中でなくてもいい」ということが明らかになり、自分の段取りを崩さなくてもいい場合も多いものです。「上司に言われたから、すぐにやらなくちゃ……」というのは、意外と自分の解釈、もっといえば勝手な決めつけだったりするのです。

赤ちゃんだったら、周りの大人がご機嫌をとってくれますが、大人は違います。

そのなかで、自分を、よりよい行動へと向かわせるには、自分で自分のご機嫌をとることと、それしかありません。

厄介だと思ったかもしれませんが、次のように考えてみるとどうでしょう。

大人は、自分で自分のご機嫌をとることができる。そうやって、周囲の状況に惑わされたり、自分自身のネガティブな感情に振り回されたりすることを防ぎながら、自分で自分を、よりよい方向へと歩ませるというのは、大人だからこそできることなのです。自分で自分の機嫌をとれる（セルフコントロール＝自浄作用）のは、大人の特権だと考えればいいのです。

ネガティブな感情があると、ついネガティブな思考に陥り、ネガティブな言動に走りがちです。

でも、自分で自分のご機嫌をとれるようになると、時に「なんで、あんなことやっちゃったんだろう?」「なんで、あんな態度をとっちゃったんだろう?」「なんで、あんなこと言っちゃったんだろう?」「……やっちまった!」なんてことがあったとしても、すぐにいい方向に修正をかけられます。

大難から中難、もしくは小難に、さらにはまったく影響のない状態にすることができるのです。

先ほどの例でいえば、上司が、仕事を振った本当の理由を示してくれて、自分が、より前向きに取り組めるような状況を、自分で考え、行動して作り出せるということです。

こうして、自分で自分のご機嫌をとることができたら、どうなるでしょう。上司の内側にある理由を知ったうえで、より前向きな気持ちで取り組んでいたら、仕事の出来はもっとよくなるでしょうし、上司の覚えもよくなるはずです。同じ状況でも、出発点にある感情ひとつで、結果に大きな違いが生まれるのです。

感情が思考、行動、言葉の根源であるからこそ、感情のマネジメントが重要だといった理由が、こうした例を見てもおわかりいただけると思います。

また、上司側に立場を変えれば、乱暴な仕事の振り方をして部下のパフォーマンスを低下させる……といったことにならないように、「伝え方」に気を配る必要があります。

私が指導に入らせていただいた多くの企業様でも、上司の伝え方にアプローチしただけで、社内の雰囲気がよくなり、業績が大きく上がったというケースは、たくさんあります。

業績を左右するのは、個々の能力以上に、社内コミュニケーションであるといっても過言ではありません。指導する立場にある人もまた、自分自身の感情も含めて、感情が思考、行動、言葉、すべての根っこにあるという認識をもってコミュニケーションを図ることが大切です。

私たちは、日々、いろいろなことを感じながら生きています。おそらく自分で思っている以上に、感情は多様です。なかには、似ているようで結果は大違い、という感情も少なくありません。いくつか挙げておきましょう。

「怒る」と「叱る」は違う

たとえば、10代の娘が門限に遅れたとしましょう。心配で居ても立ってもいられないときに、ひょっこり夜遅くに娘が帰宅したら、つい「今まで何やってたんだ！」なんて即反応的に怒鳴ってしまうかもしれません。

こんなふうに感情をぶつけられると、娘のほうも、素直に「ごめんなさい」と言えなくなるものです。「うるさいな！」などと反抗的な態度を見せ、それに対して、また「親に向かってその口の利き方はなんなんだ！」と返す。こうして、最初はただ門限を注意したかっただけのはずが、翌日まで引きずるような親子ゲンカに発展してしまうのです。

これが、感情に任せて「怒る」ということをした結果。では、「叱る」だったらどんな結果になるでしょう。

親の心配をよそに、何の連絡もないまま夜遅くに帰宅した娘に、怒りの感情を抱く。これは親として当然の情です。ただ、ここで怒鳴りたい気持ちをグッとこらえて、5秒だけ、この出来事の意味と価値を考えてみると、どうでしょう。自分は、その出来事から何を学べばいいのか、と。

すると冷静になって、「私は娘を怒鳴りつけたいんじゃない。心配だったんだということ、それは娘を愛するがゆえのこと。私は私の愛情を娘に伝えたいんだ」と、考えることができるでしょう。

そうなれば、おのずと態度も言葉も違ってくるはずです。娘のほうも親の愛情をひしひしと感じ取り、心からの「ごめんなさい」を言えるようになるでしょう。これが、「叱る」ということの結果なのです。怒りの感情の裏側にある意味づけについて、意識を向けてみる。とても大切なポイントです。

「ふざける」と「愉しむ」は違う

一見、ポジティブという点で違わないように思える感情でも、結果に大きな違いが出る場合があります。

近年、アルバイト先で悪ふざけをした動画をＳＮＳに投稿する「バイトテロ」が、しばしば世の中を騒がせています。本人たちだけが悪ノリし、楽しい状態……周りのことを考えるでもなく、ただただ勢いで振る舞っているだけで、誰も喜ばない。これは「ふざける」であり、「愉しむ」とはまったく違います。

では「愉しむ」とはどういうことだと思いますか？「ふざける」を反転させて考えれば、自分の身勝手からではなく、周りの人と一緒に喜べるようなこと、といえます。

自らが楽しむことで、周りを愉しませることができるということ。

このような意味づけの「楽しむ」を、「愉しむ」と書き表すのです。そう考えれば、人の短所や外見を笑いものにして一方的に傷つけることなども、「ふざける」であって「愉しむ」ではないと区別がつくでしょう。

せっかくなら、人の素敵なところに注目し、人を褒めるとか、誰もが愉しめる話題で笑いたいもの。同じ「笑う」を導く感情でも、「ふざける」と「愉しむ」とでは、もたらされる結果は大違いなのです。

「傷を舐め合う」と「悲しむ」は違う

このふたつも混同しがちなのですが、やはり、結果は大違いです。傷を舐め合うというのは、お互いに不幸を嘆き合うということ。「同病相憐れむ」という言葉もありますが、いずれにせよ、悲劇の主人公を演じているだけでは、何も前に進みません。

でも、これが「悲しむ」になると、違ってくるのです。悩みや嘆きや哀れみの元となっている「問題」は、悲しむことで「課題」に変わるからです。

本当に悲しむときの人の心は、朝の湖のように冷静です。いっときは泣き喚いていても、悲しみに向き合い、心が浄化され、ふと冷静になってみると、問題の本質がスッキリ見えてくるものです。それが、問題が課題に変わる瞬間です。

課題になった時点で、その問題は、もはや嘆くべき対象ではなく、現状を受け止め、考え、取り組むべき対象です。悲しむことを出発点として、自らと逃げずに向き合い、悲しみを受け止められるようになり、心が浄化された状態を土台として、困難な状態から抜け出すことにつながっていくというわけです。

「満足」と「幸せ」は違う

最後のふたつは、もっとも区別しづらいかもしれません。

端的にいえば、「満足」は一人称です。「満足する」は「自分が満足する」であり、その裏側には独りよがりな損得勘定があります。要するに「自己満足」ということです。

一方、「幸せ」は、自分が喜んでいると同時に、周りの人も喜んでいる、それがうれしいという感情です。

近江商人の「三方よし」をご存知でしょうか。これは、売り手と買い手にメリットがある（売り手よし＝自利、買い手よし＝利他）のはもちろん、社会の役にも立ってこそ（世間よし＝貢献）、よい商売であるとする商人哲学です。

少し私なりに補足すると、売り手よしとは「自分自身がお役に立てる存在になれるよう研鑽を積むこと」、買い手よしとは「相手の立場に立ち、自分から行動すること」、世間よしとは、「自分に関わるすべての人の力になり、笑顔の場を創り出すこと」といえます。

これこそ独りよがりの「満足」ではない、「幸せ」の典型例です。

商売だけに限った話ではありません。人は社会的な動物ですから、何につけても、自分も周りの人も喜んでいるときにこそ、無上の幸せを感じるのです。

「どうなったら満足か」ではなく、「どうなったら幸せか」と考えて行動し、言葉を発する。そうすることで、単なる独りよがりではない、より高次な喜びへとつなげていけるといってもいいでしょう。

このように、人の感情はさまざまです。一見、似ているようでも、自分の感情の扱い方をひとつ誤れば、今まで見てきたような意図せざる結果を招きかねません。

でも、感情は自分のものであり、そう認識していれば、コントロールできます。

どんな感情で物事や周りの人たちと対峙し、どんな結果を得るか。すべての選択権は自分にあります。それが、自分の手で、よりよい人生を形作っていくということなのです。

2章

「思考」のクセを変える

幸福観とは感謝の心に気づくこと——思考グセを変えるとはどういうことか

1章では、感情に端を発し、思考、行動、言葉に結びついていくと説明しました。すべての根っこには感情がある。だから感情を（否定するのではなく）コントロールし、選択することが、よりよい人生につながるのだ、と。

これから、その方法をお伝えしていきたいと思いますが、章のタイトルにも本項の見出しにもあるとおり、最初にアプローチするのは「思考」です。

まず、思考のクセを変えることで、感情のクセが変わります。

そして感情のクセが変わることで思考のクセの変化が強化され、それにともなって行動と言葉のクセも変わっていき、それがまた感情に作用する……という循環が起こります。この循環がグルグルと巡ることで、４つのクセが、より人間関係を円滑にしたり、より大きな成果を出せるものへと強化されていくのです。

このプロセスを、ひとつ例を挙げながら追ってみましょう。

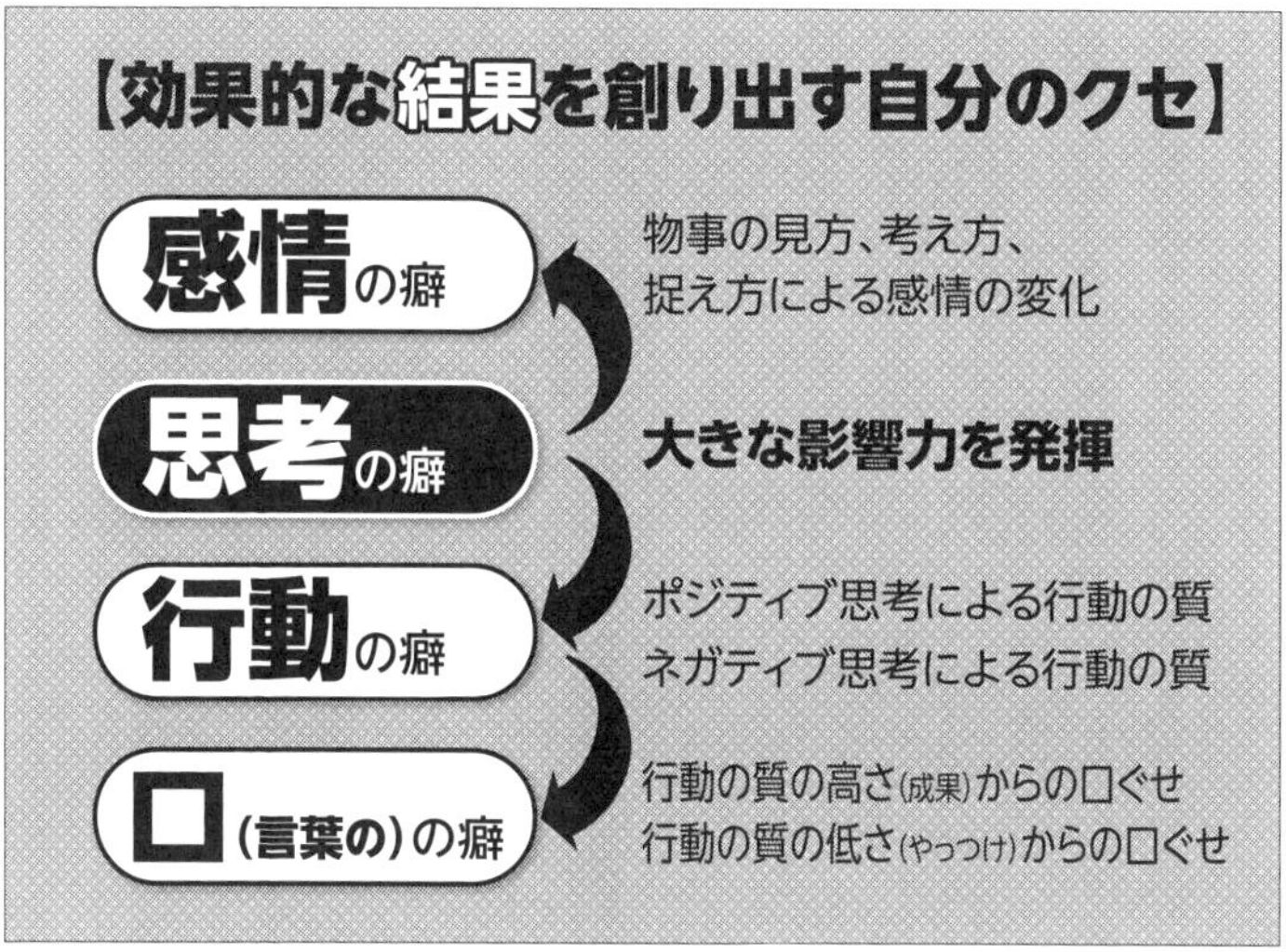

あなたは、「奇跡とは何か？」と言われたら、なんと答えますか？

奇跡とは、無造作に起こらないこと。つまり起こり難《がた》いこと、ひいては有ることが難《かた》いことです。そう、奇跡とは、「有り難いこと」なのです。

では、ありがいことは、身のまわりにどれほどあるでしょうか。

たとえば、毎朝、温かいみそ汁が飲めること、清潔な衣服を着られること、危険のない町を歩けること、電車やバスに乗って出かけられること、オフィスで不便を感じることなく働けること、働ける健康体であること……。

こうした、数えだしたらキリのない日常

風景の数々。それを当たり前と思うか、ありがたいこと、奇跡として受け止めるかどうか。ここが分かれ道です。

奇跡として受け止めると、素直に「ありがたいな」と感謝の気持ちが湧き上がります。幸福観とは、こんなふうに感謝の心に気づくということ。

本当は「当たり前」なんてないんだ、すべては奇跡なんだという視点から生まれる「ありがたい」という前向きな感情こそが、幸福観です。私たちの身のまわりのものすべてが、奇跡であり、感謝すべきことであり、つまり私たちは、ごく当たり前のような日常のなかで、じつは十分に幸せなのです。

そんな日常にある奇跡、感謝の心に気づき、幸福観に満たされると、「この奇跡を作ってくれているのは誰なのだろう」という思考が働き、この奇跡に関わってくれている数多の人たちの存在を、改めて感じることができます。

たとえば炊事や洗濯をしてくれている奥さん、町を、ひいては日本を安全に保ってくれている人たちや制度、電車やバスの運行に携わっている人たち、オフィスの管理を担っている人たち、自分という存在を生み出してくれた両親……。

このように、日常のありふれた風景を奇跡と考えると、感謝の気持ちが湧く。すると、その奇跡を作っている人たちにまで思考が及び、「奇跡だ」という思考が強化されます。

この次には、何が起こるでしょう。

「奇跡だな、ありがたいな、それにはこんな人たちが関わってるんだな、やっぱり奇跡だな」という感情と思考の好循環が、もれなく行動や言葉にも反映されていきます。今まではそっけなく接していたところを、自然とニッコリ微笑んで丁寧に接したり、素直に「ありがとう」と口に出して感謝を伝えたりするようになるはずです。

ここからさらに、好循環が起こっていきます。

感情と思考は、あくまでも自分の内側で起こる変化ですが、それが行動や言葉に現れると、「対・人《ひと》」になります。そして行動と言葉は、つねに相互作用的なものです。

にっこり微笑んだ相手、「ありがとう」と感謝を伝えた相手からは、きっと、同様のポジティブな反応が返ってくるでしょう。それを受け止めた自分は、いっそううれしくなって、ますます強い「奇跡だ」という考えのもと、微笑みや感謝の言葉が定着していくでしょう。

こうして、いつしか、変化し、強化された感情と思考に裏付けられた行動と言葉は、自分にとっての「当たり前」として根付いていきます。最初は「奇跡と考えてみる」という作為混じりだったものが、繰り返すうちに腑に落ちて、もはや、あえて考えなくても行動し、言葉を発することができるようになっていくのです。

いかがでしょうか。

最初は、日常にありふれたものを奇跡と受け取ってみる、という小さな一歩でした。でも、その思考の小さな変化が、感情と思考の変化と強化につながり、さらには行動と言葉の変化にも反映されることで、周囲との関係性をも大きく変えていきます。

仕事、プライベートを問わず、人生の大半は人間関係で決まります。まず思考にアプローチし、感情、思考の好循環を作り出すこと。その結果として行動や言葉に起こる変化が、周囲との関係によい影響を与え、ひいては人生そのものを、よりよきものへと変えていく推進力となるのです。

日ごろ、こんなふうに考えてしまっていませんか？

今後、よりよく変化していくには、まず自分の「現在地」を知る必要があります。

そこで、あなたの日ごろの思考グセを少し振り返ってみましょう。

たとえば、「過去と他人は変えられない。変えられるのは自分と未来だ」とよく言います。それに対して、「本当は自分を変えることなんてできないし、未来だって、なるようになるだけだ」なんて思ったことはないでしょうか。

この現在地が、思考グセを変えることで、どう変わっていくのか。「過去と他人は変えられない。変えられるのは自分と未来だ」と考えられるようになるのでしょうか。いいえ、違います。思考グセが変わると、「自分も未来も、過去も他人も変えられる」と考えられるようになるし、実際、すべて変えることができるのです。

まず、自分を変えるというのは、「今ここ」の自分の思考グセを変えることから始まります。思考グセを変えると、今、目の前で起こっていることの意味づけや価値づけが変わり、すると、感情も行動も言葉も連鎖的に変わります。その影響で、間違いなく未来は「思考グセを変える前の自分の未来」とは違った未来に変わっていきます。

つまり、「自分を変える」というのは、思考グセから感情、行動、言葉のクセを変えるということ。まず思考グセにアプローチすれば、いくらでも自分を変えることはできるのだから、「本当は自分を変えることなんてできない」なんて、そんなはずはないのです。

そして「今ここ」の思考グセを変えることで、「今ここ」の延長線上にある未来、「本当の成果」という未来を、変えることができる。これが「自分」と「未来」を変えるということです。

また、行動と言葉はつねに周囲の人たちとの相互作用ですから、「今ここ」の自分の思考グセを変えることで感情が変わり、それに伴った行動と言葉の変化が起こると、周りの人たちは確実にあなたに影響されます。思考グセを変えることで、結果的には「他人」を変えることもできるというわけです。

力づくで他人を変えようとすると、人は間違いなく反発し、余計に離れていったり、喧嘩をしたりしてしまうものです。だからこそ、自らを変えていくということが最大の近道なのです。

では最後、思考グセが変わると「過去」も変えられるとは、どういうことでしょうか。

たとえば、子どものころに親や先生から言われたり、されたりして嫌だったことが、大人になってから「あれは自分のためだったんだ」と初めて理解できた経験はありませんか？

これは、過去の捉え方が変わり、その出来事・経験が、今、活かされているという「いい教訓」に置き換わったということです。

過去に起こったこと自体は変わりませんが、その出来事の自分の捉え方が変わることで、嫌な思い出は、いい思い出に変わる。思考グセを変えると、こうした変化が当たり前のように起こるようになります。「今ここ」にいる自らの思考が、すべての出来事、物事の意味づけを大きく変えるきっかけとなりうるのです。

このように、思考グセはすべての出発点となる重要なものです。それを、よりよい人生の創造に向けて、よりよく変えていく。そのためにも、今の自分の現在地を知っておくことが重要なのです。というわけで、もう少し現在地を探ってみましょう。

次のチェックリストのうち、よく頭に浮かぶ言葉はありませんか？

これらの一つひとつに対して、「このように変えるといい」という代わりのポジティブ思考を挙げたいわけではありません。

というより、リストにあるのは、あくまでも多くの人が陥りがちなネガティブ思考の一部であり、ネガティブ思考も、それをポジティブ思考に転換する方法も、とうてい挙げきれないくらいあるのです。

あるひとつのネガティブ思考をポジティブ思考に転換する、また別のネガティブ思考を

【思考グセ11の質問チェックリスト】

□ やる前から諦めてしまい、結局やらない選択をする
□ 「最後は誰かがやってくれる」と思っている
□ 自分に嘘をついている（自分をよく誤魔化す）
□ 目に見えるもの、耳に聞こえてくるものしか信じない
□ 「いつか、自分にも白馬の王子さまが私を迎えに来てくれる」と思っている
□ 部下や他部署に対して「これはやってくれて当たり前でしょ」という意識がある
□ 「もう限界です！」って何かのせいにして諦めている
□ 徹底した管理をしているのに、うまく現場が回らないことがある
□ いつも口グセのように「忙しい・忙しい」を連呼し、新しいことに取り組めない
□ 自分の中に前提という固定概念、固定観念がいつもあり、その考え方、基準から抜け出すことができず、気づけば、いつも同じ失敗を繰り返している。
□ いつも話が「どうせ……だって……でも……」という言葉から始まる

ポジティブ思考に転換する……これではキリがありません。

私がお伝えしたいのは、もっと土台の話です。しっかりした土台があれば、しっかりした家が建つように、思考の土台がポジティブに変われば、その「上モノ」である日々の思考も、自然にポジティブに変わっていくというわけです。

ですから、ここでは、まず自分の現在地を知るというつもりで、チェックリストを眺めてください。そして、いくつ当てはまろうとも、本章を読み進めてみてください。

今も言ったように、チェックリストを見ていただくのは、あくまでも、ご自分の現在地を知っていただくためです。ジャッジするためではありません。

「こんな考え方はダメだ」などとジャッジしてしまうと、感情がネガティブになります。そしてネガティブな感情からは、ネガティブな思考、行動、言葉しか生まれません。

人生をよりよくしていく思考グセをつけるために重要なのは、フィードバック&フィードフォワードです。

つまり、まず自分を徹底的に振り返り、分析し、現在地を知る。そうしたら、あとは今の状況から一歩でも半歩でも前進するための考え方、やり方を実践するのみです。自分で自分をジャッジして、勝手に足止めを食らっている場合ではありません。

本章では、思考グセの土台を変える「処方箋」をふたつ、お伝えしていきます。

その内容を理解し、次章以降を実践していただくほどに、「なるほど、こういうことだったのか」と腑に落ちていくはずです。そして腑に落ちるほどに、リストにあるような思考グセ――それだけにとどまらないネガティブな思考グセが、根こそぎ変化している自分に気づくはずです。

本章は、そんな変化を生んでいくための章です。まず自分の現在地を知り、ジャッジはせずに受け止めること。それが今後、大きな差を生んでいくスタートになると考えて、チェックリストと向き合っていただければと思います。

視座高く、視野広く、視点柔らかく

思考グセを変えるための処方箋はふたつだけ。その話に入る前に、処方箋の内容を実践すると、どんな土台が築かれるのかをお話しておきたいと思います。

キーワードは3つ、「視点」「視野」「視座」です。

まず視点は、地上を歩いている自分の目に移る景色だとイメージしてください。人にはそれぞれの視点があり、自分が意識していたり、求めていたりするものだけが目に入ってきます。たとえばスイーツに関心がある人は、新しいスイーツ店に真っ先に気づきますが、まったくスイーツに関心がない人は、スルーしてしまいます。これが、視点です。

あなたはスカイツリーに登ったことはありますか？　東京タワーでも都庁でも、京都タワーでも何でもいいのですが、高い場所に登ると、目に映る景色は地上とは大違いです。目線は一気に高くなり、地上もぐんと広く見渡せます。これが、視野と視座です。

言い換えれば、視点は虫メガネのようなもので、「自分がとくに見たいと注目しているところ」、視野は「ものの考え方の幅」、視座は「どんな立ち位置から物事を眺めるのか？（立場、ものの捉え方・理解の仕方）」です。

より高い立ち位置から物事を捉えれば、より幅広く物事を捉え、理解し、考えることができます。そうなると関心事の選択肢も増えるため、必然的に視点が増えていきます。

たとえば、単なるスイーツ好きの人は、街を歩いていてもスイーツ店しか目に入りませ

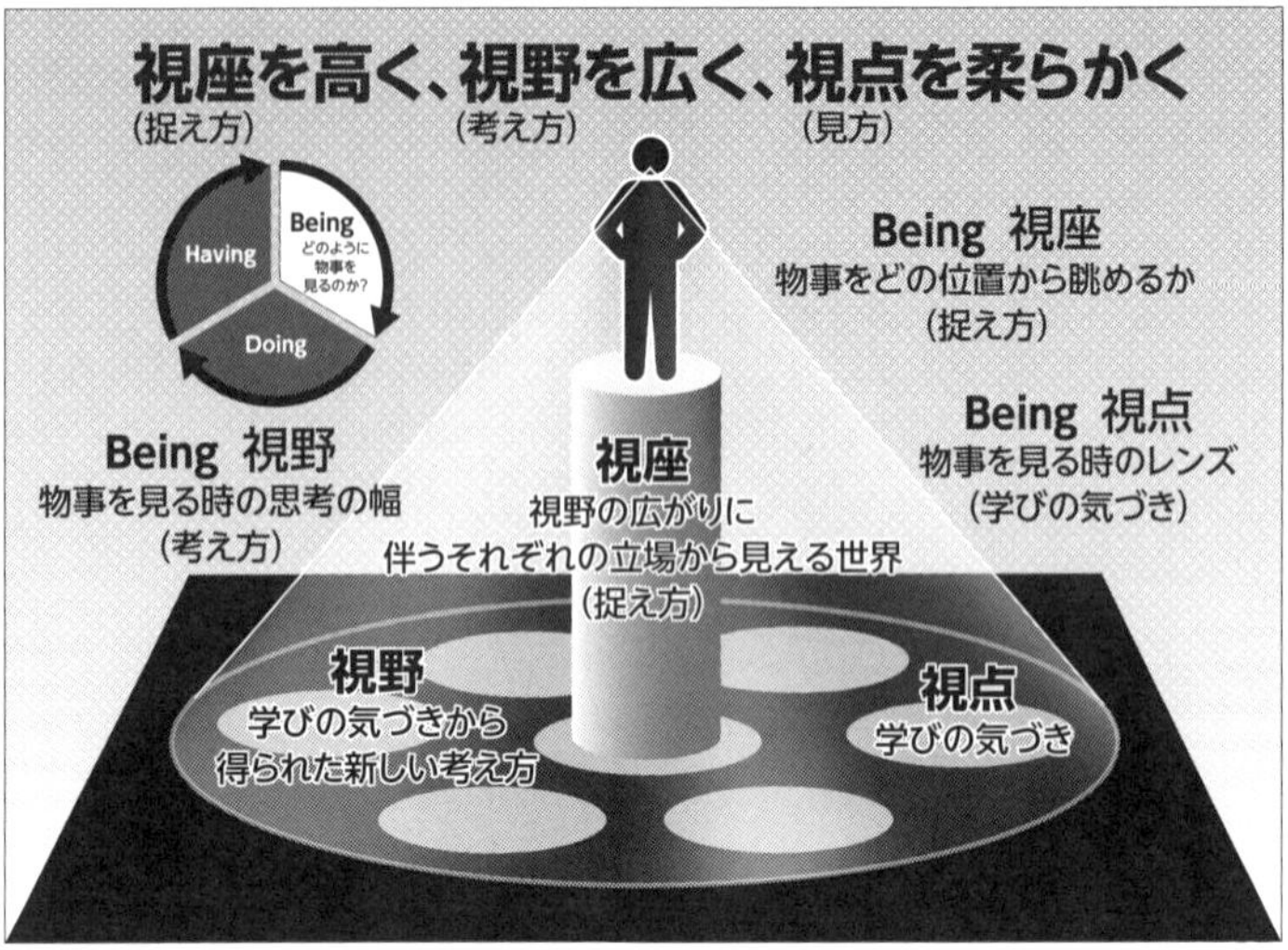

んが、飲食業を営む人なら、スイーツ店もラーメン店も、フレンチもイタリアンも目に入ります。視座が高くなると視野が広がり、視点が増えるというのは、こんなイメージでとらえてもらってかまいません。

ここでお伝えしたいのは、どの立ち位置から見るかによって見えるものが違い、捉えることが違うということ。視座が上がると考える幅が広がり、さまざまな切り口をもてるようになって、物事や出来事に対する理解も深まっていくということです。

たとえば、入社数年くらいの社員では、まだ視座が低いので、わずか数個くらいの視点しか持ち合わせていません。

それが中堅社員、課長や部長などの管理職、さらには経営者へと立場が上がるにつれて、視座はより高く、視野はより広くなり、それだけ視点も増えていきます。

視点が増えるというのは、より多くの選択肢を視野内に収めたうえで、大局的に考えて最良の決断を下せるということです。立場が上がるごとに、「視座は高く」「視野は広く」「視点は柔らかく」なっていくのです。

じつはここに、上司と部下の行き違いの元があったりもします。

ときには、上司の指示の意図を計りかねて「何のためにこんなことをやってるんだろう」「意味なくない？」と不満をこぼす。思い当たる節はありませんか？

でも、部下は、まだ上司の「視座・視野・視点」から物事を捉え、考えることができない、だから上司の指示の意図がわからないだけ、という可能性もあるのです。組織は健全なのにコミュニケーションギャップが生じてしまっているとしたら、おそらく、このケースが大半でしょう。

もちろん、本当にできた上司ならば、きちんと意図が伝わるように、言葉を尽くして説明することを厭いません。それでもときには、言葉を尽くして説明するより先に、「とにかく言われたとおりにやって」という場合も多いはずです。

そこで、部下の立場でできることは何でしょう。

上司の意図を理解しようともせぬまま、不平不満をこぼしながら、「仕方ないからやる」という姿勢で仕事をすることでしょうか。そうではないはずです。

ここで、「視座・視野・視点」の話を思い出していただきたいのです。

まだ上司ほど経験を積んでいない自分は、もちろん、上司のアタマでものを考えることはできません。上司のみならず、人と人は違うのですから、取引先やお客様のアタマで、ものを考えることもできません。

でも、「視座・視野・視点」の発想があれば、相手がいる場所からは、自分とはまったく違った景色が見えているのだと、想像してみることはできるはずです。そして、その想像ができれば、少しでも上司の視座から捉えてみようと、自分から働きかけたりもできるはずです。

部下は上司の視野に立って、すべてを見渡せません。自分がまだ届いていない視野から見える視点は理解不可能ということです。上司の視座から物事を捉えれば、たくさんの視点がありますが、部下の立ち位置からでは、まだ、そのすべては見えないのです。相手がお客様であっても、誰であっても、同じです。

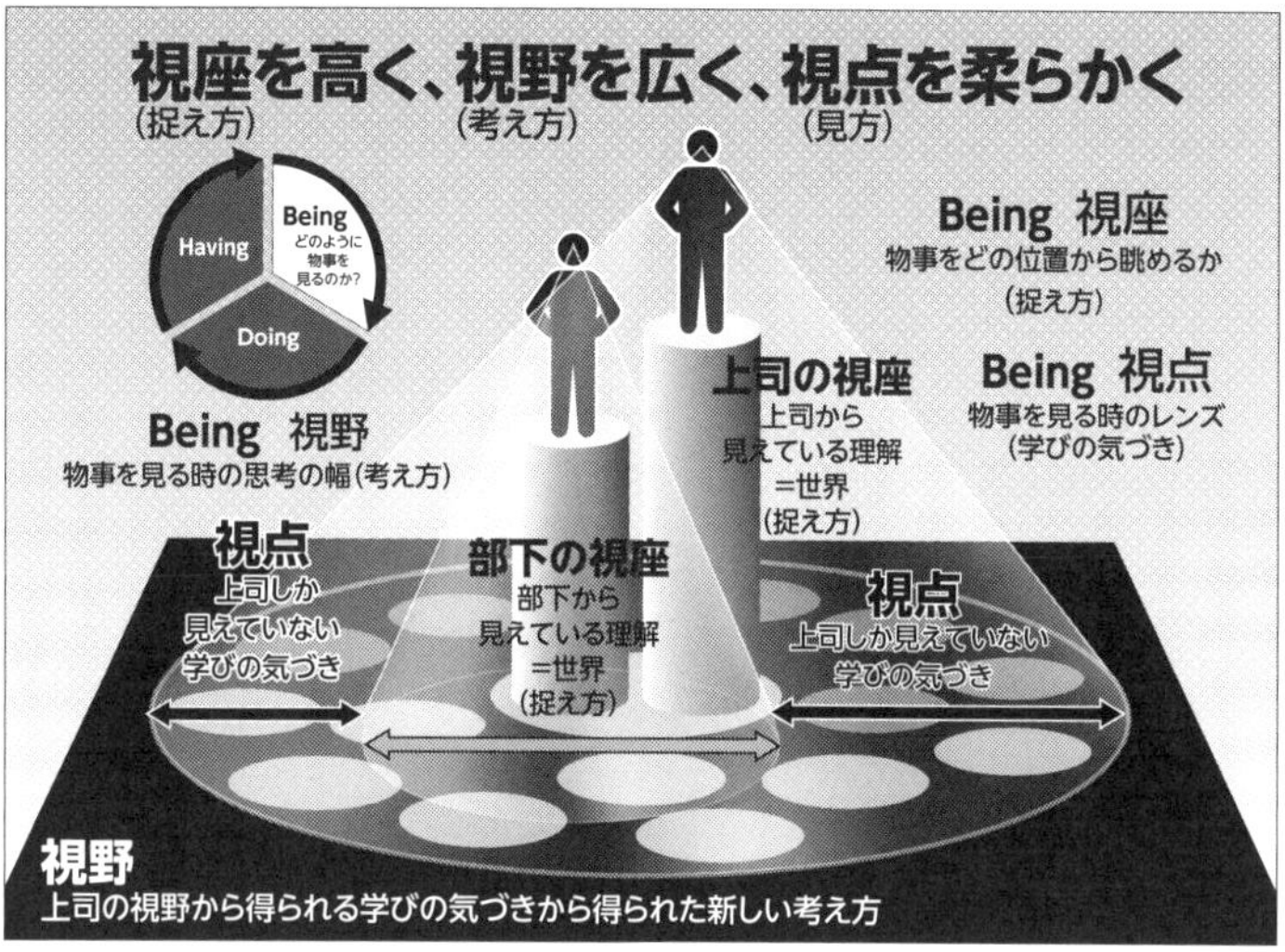

相手と自分とでは「視座、視野、視点」が違うし、目上の相手ともなれば、自分より、はるかに高い視座から物事を捉えている。まず、そのことに気づく必要があるのです。

気づいたら今度は「行動」に移す番ですが、ここでもうひと振り、思考の力が必要です。勇気を出してコミュニケーション力を発揮し、上司に話しかけてみる。これを頭の中でシミュレーションするのです。

「(上司の)〇〇さんが見えているもの(景色)は何ですか? 私には△△△まで見ているのですが……〇〇さんの見えている景色を教えてください!」

「そうするのが当たり前だ」という思考グ

セによって、次の行動が決まります。そして実際に行動に移してみた暁には、きっと新たな発見があるはずです。思考は、こうして現実をつくるのです。

大半の仕事は、「相手の困りごとを解決する」もの

仕事は「アート」と「デザイン」の2種に分かれます。

アートは、いうなれば自己表現によって人に喜ばれるということであり、一部のカリスマ、芸術家が得意とする表現方法のひとつです。

私たちの中にも、ほかの人が持っていないような独自の技術力、知識を武器に、アートとしての仕事をしている人がいるかもしれません。しかしながら、私の経験上の感覚からすると、多くの人にとって、仕事はデザインです。

ではデザインとは何かというと、「困りごとの解決」です。「相手にとって何が幸せなんだろう」「何をしたら喜んでもらえるだろう」と考えることが、デザインするということです。だからこそ、相手の視座に立ち、視野を広く、視点を柔らかくして考えることが、

仕事で成果をあげるためには重要なのです。

これは仕事に限った話ではありません。

自分とは違う立場にいる人と自分とでは、見ている景色が違う。この前提を忘れなければ、夫婦間や友人間でも無用な行き違いを避け、相手の立場や気持ち、考えを、つねに慮りながら関係を築いていけるでしょう。

視座高く、視野広く、視点を柔らかくすると、おのずと、人としての器も広がります。

なぜなら、自分の視点だけではなく、人がどんな視点をもっているか、想像できるようになるからです。自分の視点だけで考えれば「許せない」と思うことも、「そういう考え方もあるよね」と、許容できるようになるということです。

これからお話ししていく処方箋とは、まさに「視座高く、視野広く、視点柔らかく」という思考の土台をつくるためのものです。

この土台が整うと、ネガティブな思考グセはなくなっていきます。

そして、決して表層的ではない「本当のポジティブ思考」が身につきます。起こることすべてを自分の成長へと結びつけ、人間関係をよりよくしたり、大きな成果をあげたりしながら、人生を向上させていける。そんな基礎体力を養うことができるのです。

処方箋1――「あり方」を定める

「手順」と「基準」、「やり方」と「あり方」

ではここから、思考グセを変える処方箋に入っていきましょう。

まず、お話ししたいのは、「あり方」の話です。

私が今まで見てきた限り、多くの企業は、「どうやるか」「どう進めるか」という手順、つまり「やり方」の問題として仕事をとらえています。だから、「こういうときはこうする」「こういうときはこう進める」というマニュアルを、多かれ少なかれもっています。

マニュアルがあると、皆がマニュアルに従って一定の行動ができます。極端に言えば、マニュアルに書かれているとおりに行動すればいいので、あまり自分で考える必要がありません。マネジメント側としても、無駄な力を使わずに皆が同じ方向を向いてくれるというのは、たしかに効率的に感じられるでしょう。

だからマニュアルが重視されるわけですが、その反面、マニュアルだけでは対応しきれない事態も、ときには起こるものではないでしょうか。

あるシーンではうまくいったやり方が、別のシーンではうまくいかない。あるいは同じようなシーンでも、前にうまくいったやり方が、なぜか今回は通用しない。実際、世の中はそんなことだらけです。

マニュアル的に手順だけをなぞっている人は、やり方がうまくハマらないシーンになると、フリーズしてしまいます。臨機応変に自分で判断できる「軸」がなくては、そのつど、最良と思える行動を選ぶことはできないのです。

その軸となるのが、「やり方の基準」です。手順の前に基準がある人は、いくつもの行動の選択肢から、基準に見合ったものを取捨選択できます。

だから、やり方に縛られている人は、いつも同じやり方をして行動が陳腐化していく一方、「やり方の基準」のある人は、そのつど柔軟に考えて行動し、仕事の質をどんどん高めていくことができます。

これは、家庭でもいえることです。

いろいろな事態を想定した、細かなルールがたくさんある家庭は、やり方に縛られているということ。それでもさまざまなことが起こるのが現実ですから、そのつど見解が食い違って互いの信頼を損ねかねません。

でも、ひとつの基準を共有し、そのうえでお互いが行動しているんだとわかっていれば、信頼関係が損なわれることはないでしょう。うまくいっている会社ほど、ルール面ではファジーであることが多いものですが、それは、「これだけは必ず守る」という強固な基準を共有していることで、そもそも細かなルールを設ける必要がないからなのです。

では、「やり方の基準」はどう作ったらいいでしょうか。

そこで登場するのが「あり方」です。

まず「あり方」を定めると、それに見合った「やり方の基準」が作られます。

もう少し詳しく説明すると、「この『あり方』を貫くためには、何をするべき？ それを、どれくらいのレベルでどこまでするべき？」と考える軸となるのが「やり方の基準」であり、そうして生まれる合格圏内（範囲）の行動こそが、圧倒的に強いのです。

では、「あり方」とは何か。いうなれば、「あり方」とは「思想的なベース」です。思考と行動の首尾一貫性を保つ拠りどころ、あるいは思考と行動をつなぐ鎹《かすがい》のようなもの、といってもいいかもしれません。

「あり方」が定まっていると、どんな局面でもブレない選択、判断を、迷わず下すことができるのです。迷ったときには、常に「あり方」に立ち返る。これこそが、仕事を、人生を向上させる行動力の源といっていいでしょう。

「あり方」で圧倒的優位性も勝ち取れる

成果を得るには、「成果を得られるような行動」へと変えていく必要があります。だから多くの場合、手っ取り早く、もれなく行動が変わるようにと、やり方にアプローチします。小さな変化を求めるのなら、それでもいいかもしれません。

でも、劇的な変化を求めるのであれば、その手前の部分、つまり「あり方」にアプローチしなくては叶いません。なぜなら、あり方をともなわない行動は、たいていは上滑りし、確実な成果には、つながらないものだからです。

このように、あり方から出発して行動、成果へと結びつけるというフローを絶えず繰り返すことを、私は「be-do-have」サイクルと呼んでいます。

beは「あり方」、doは「行動」、haveは「成果」ですが、重要なのは、これら一つひとつが完結してから次に行くのではなく、すべて「ing」、つまり現在進行形であるということです。

beingがdoingを生み、doingがhavingにつながり、そして、havingがbeingへとフィードバックされ……というサイクルが回れば回るほど、それぞれが強化されていくというイメージです。

「あり方」が定まり、「やり方の基準」が作られると、思考レベルは一気に上がります。するとと、行動や言葉のレベルも一気に上がり、コミュニケーションレベルを含めて、仕事の質がずば抜けて高くなります。

やり方は目に見えるものですから、いくらいいやり方を編み出しても、すぐに真似されてしまうでしょう。

でも、「あり方」は自分や組織の内側にあり、外からパッと見ただけではつかめないものですから、簡単には真似されません。まず「あり方」を定めると、圧倒的な競争優位を勝ち取ることもできるというわけです。

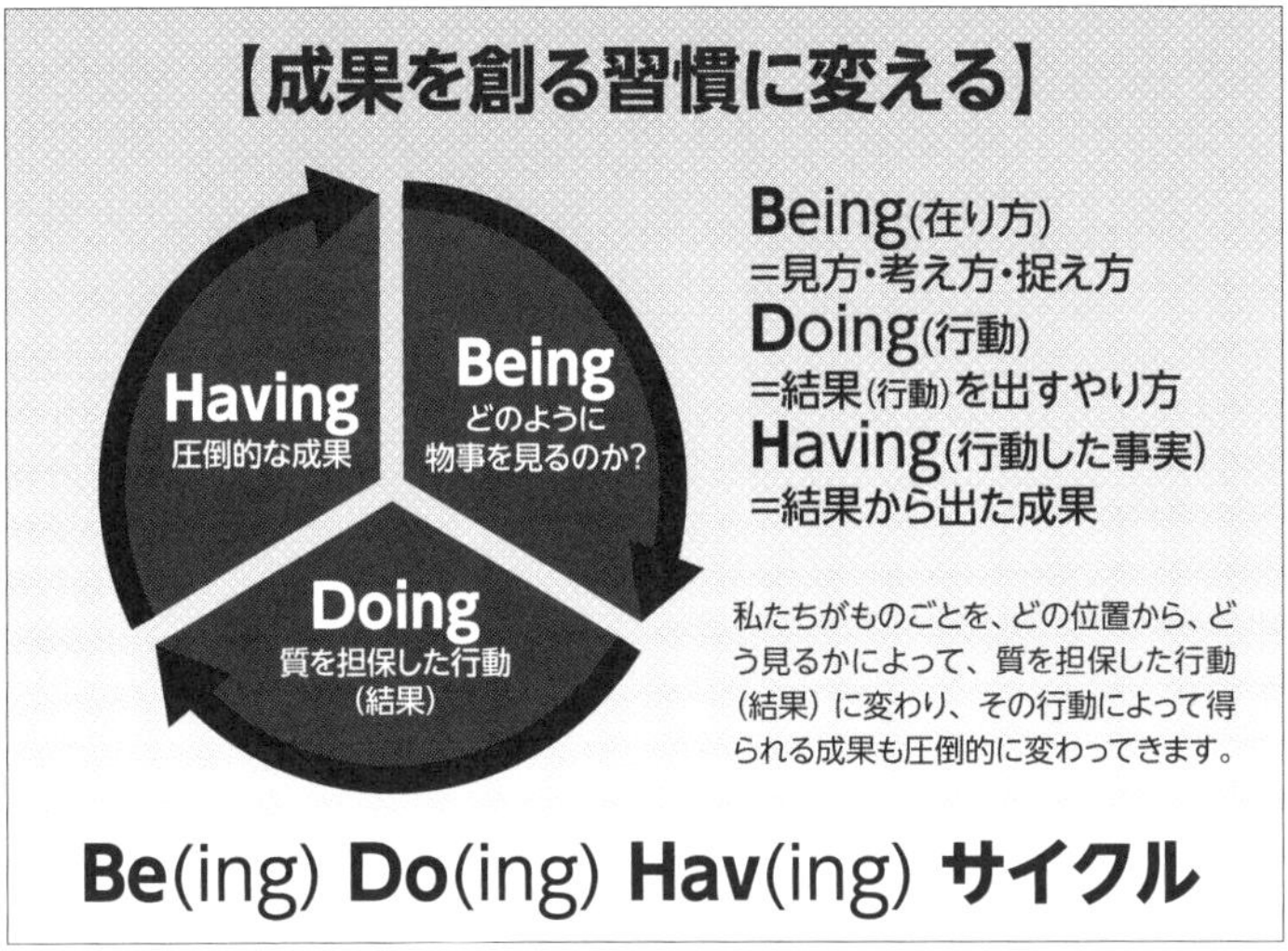

なぜ、マクドナルドでは10分も待てないのか

マクドナルドとモスバーガーは、同じ「ファストフード店」という業態です。

でも、もしマクドナルドで「10分ほどお待ちください」と言われたら、どうでしょう。「えー！　じゃあ今日は、ほかに行きます」と言いたくなるのではないでしょうか。

一方、モスバーガーで「10分ほどお待ちください」と言われても、拒否する人は少ないはずです。（もちろん、これは私自身の感覚であり、感じ方には個人差がありますが……、皆さんはいかがでしょうか？）

この違いは、いったいどこからくるのでしょう。それこそが「あり方」の違いです。マクドナルドは、注文を受けてからハンバーガーを作りますが、できる限りスピーディに提供するという効率性を重視しているため、ベルトコンベアー式に作る過程は、お客様には見えないようになっています。作っている過程を見せることは、マクドナルドの「売り」ではないからです。

一方のモスバーガーは、オープンキッチンスタイルで、ハンバーガーを作っているところがお客様からも見えるようになっています。そしてイートインの場合、ハンバーガーの包み紙は上部が閉じられておらず、ハンバーガーが顔を覗かせています。これで、「作りたて感」が伝わってきます。

また、モスバーガーでは、レジ横などに置かれたボードに、野菜などの産地や生産者の紹介、お店のスタッフのメッセージなどが書かれているのを目にした覚えはありませんか。これは、生産者や作り手の思いを伝える演出です。

どちらが優っているか、劣っているか、という話ではありません。

マクドナルドは、スピード、ファストフードとしての適度なおいしさ、安心価格。モスバーガーは、品質や鮮度、より手作り感があること、それ相応に納得できる価格。というふうに、ただ定めている「あり方」が違う、それだけの話です。

みなさんも、ファストフード店を選ぶとき、とにかくスピード、おいしさ、手軽さ（安さ）が大事なときはマクドナルドへ行くし、鮮度や作りたて感、生産者やスタッフの思いも一緒に味わいたいときは、マクドナルドよりは多少値段が高くても、10分ほど待つことになっても、モスバーガーへ行くのではないでしょうか。

それは、消費者として、このふたつのファストフード店の違いを受け入れているからです。

つまり、「あり方」が違うからこそ、両方とも生き残っているのです。

企業の例を挙げましたが、個々人に置き換えても、まったく同じことがいえます。

自分をひとつのブランドだと考えたときに、何をもっとも大切にすべきか。周りを喜ばせるような「自分らしさ」は、いったいどこにあるのか。選ばれ続ける人材になる最大のカギは、そんな「あり方」を定めることにあるといっていいでしょう。

今は、手順や、やり方に目を奪われているかもしれません。割合でいえば、手順7、基準3かもしれません。

でも、そのなかでもチラチラと見え隠れする、自分なりのモットーは何でしょうか。

そのモットーを支えている、「あり方」はいったい何でしょうか。

それは、「これをなくしてしまったら、自分(我が社)らしくなくなってしまう」という「らしさ」です。言い換えれば、自分（我が社）のこだわり、大切にしているもの、すべての行動の源泉となっているものが、「あり方」です。

「あり方」が何であるかがわかると、先ほど、「あり方」定まると「やり方の基準」も定まる、とお話しした理由も、よりくっきりとした輪郭をもって理解できるはずです。

「やり方の基準」とは、つまり、「あり方」を表現するうえでのモノサシなのです。

つまり、「ここまでやれば、みずからの『あり方』を相手に対して表現できる」「他社との差別化ができる（お客様から明確に選ばれる理由があるという自信をもって行動できる）」というレベルの話です。「あり方」という自分（我が社）のこだわりのモノサシ、といってもいいかもしれません。

そこを突き詰めていくと、手順と基準の比率が、7対3から6対4、5対5、4対6、3対7へと変化成長し、その割合が逆転していきます。そして、基準が手順を上回るにつれ

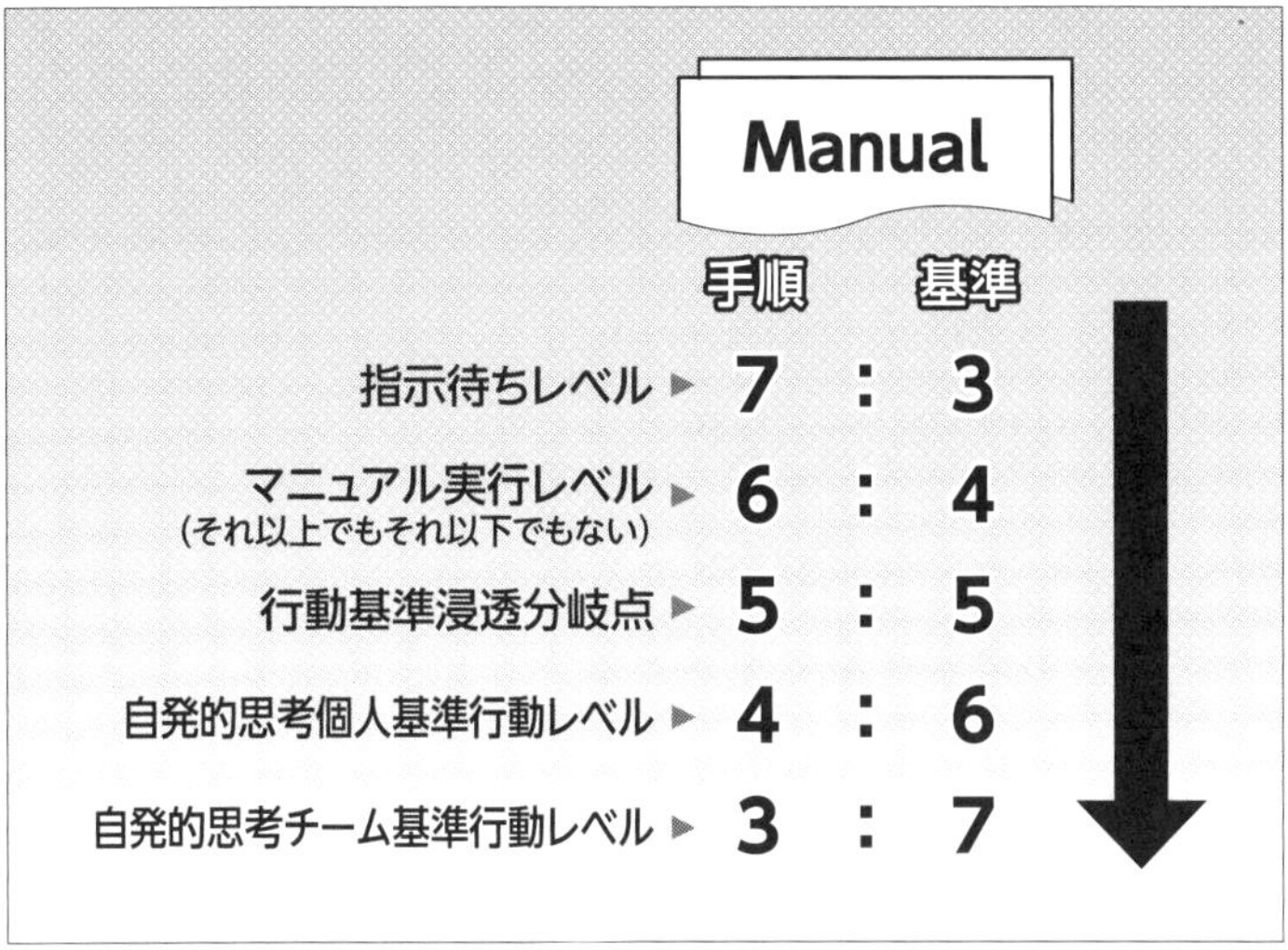

	手順	基準
指示待ちレベル ▶	7	： 3
マニュアル実行レベル （それ以上でもそれ以下でもない） ▶	6	： 4
行動基準浸透分岐点 ▶	5	： 5
自発的思考個人基準行動レベル ▶	4	： 6
自発的思考チーム基準行動レベル ▶	3	： 7

て、マニュアルなどは立ち返るために使うものになり、自らの頭で基準を前提に考えられるようになります。そのつど、やるべきことがパッとわかり、即座に行動に移せるようになるのです。

「はいはい、いつもどおり、こうすればいいんでしょ」とか、

「どうしよう……わかんないけど、やってみる」ではなく、

「この基準を大切にしているから、それ以下はダメだよね。この基準以上で、『あり方』を表現できればいいんじゃない？」

「あっ！　こういう状況だったら、もちろん、こうするべきだよね」

と、当たり前のように、ふさわしい手順、

やり方が思い浮かびます。そして、

「だって、それが私たち（我が社）らしさでしょ？」

と、自信を持って語れるようになるのです。

そんな感覚を、ぜひ、いずれ味わっていただきたいと思います。

やっていることの質を「圧倒的に高める」という考え方

「あり方」が定まると、思考レベルが上がり、一つひとつの行動や言葉の質が高くなっていきます。私も多くを学ばせていただいたテーマパークの現場は、その典型例といっていいでしょう。

「このテーマパークのキャストはすごい、すごい」と皆さんから言われますが、キャストたちは、当たり前のことをしっかりやっているだけであって、特別なすごいことをやっているわけではありません。（でも、もちろん、すごいことを、すごく高い基準でやっているのですが…笑）

きちんとゲスト（お客様）にご挨拶する。つねにアイコンタクトをとり、笑顔で接する。お客様がお帰りの際には、感謝を込めてお見送りする。それのみならず、相手の立場に立ち、つねに「ゲストに何かお困り事はないか？　楽しんでいただけているだろうか」と意識を向け、自分から行動するために察している。分析すると基本はこれくらいのものです。

ただ、現場がすごいのは、一つひとつの行動の質が圧倒的に高いこと。

人として当たり前のことを、圧倒的な基準で、相手の立場に立って自分から行動している点に、現場のすごさがあるのです。私は、こうした圧倒的な基準を、「ただのスタンダード（基準）ではなく、圧倒的に高い＝ゴールデンな基準」という意味で、「ゴールデンスタンダード」と呼んでいます。

圧倒的なご挨拶、圧倒的なアイコンタクト、圧倒的な笑顔、そして圧倒的なお見送り。こうした質の圧倒的な高さにゲストは感動し、「やっぱり、このパークは特別だ」と、繰り返し訪れたくなるというわけです。

では、なぜ、一つひとつの行動の質を圧倒的に高くできているか、わかりますか。

現場キャストたちは「ゲストにハピネスを提供する」という「あり方」を共有し、納得しています。「この『あり方』に従うならば、何をするべき？　どれくらいするべき？」という「やり方の基準」について「腑に落ちて」います。

だから、自然と「当たり前のレベル」が上がり、人が見たら「すごいな」と驚いてしまうような圧倒的に質の高いサービスを、当然のように提供できるのです。

ルールやマニュアルなどの活字化したものは、共通言語（皆が社内で同じ単語として使う言葉）としては伝わります。

でも、社内に浸透させるためには、その言葉の裏側に隠れている言葉の意味づけ（共通理解）が大切であり、意味づけされたものを、どのくらいまでやりきるのかという価値基準、つまり「言葉の意味づけを表現する価値基準（共通認識）」が大切です。

その意味と価値を「意識すること」を意識した言動（共通言動）があるからこそ、そこには「質」という、見えない領域（＝意味づけ、価値基準の設定）で作られるものが明確に生まれるのです。

この時代、この世の中で何より求められているのは、「質」です。

高度にインフラが整い、必要なサービスも完備しているといっていい世の中では、「何

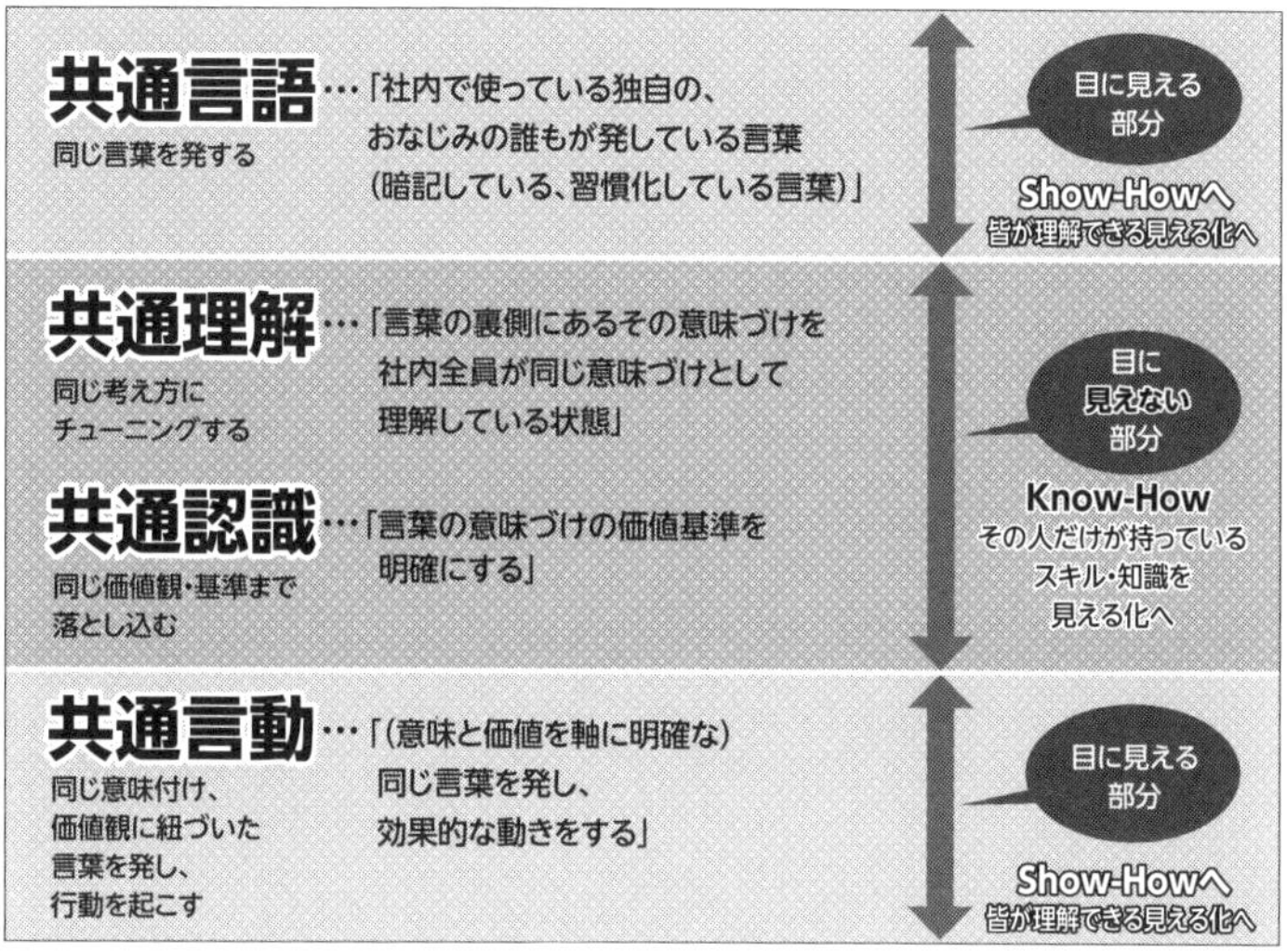

共通言語 同じ言葉を発する	…「社内で使っている独自の、おなじみの誰もが発している言葉（暗記している、習慣化している言葉）」	目に見える部分 **Show-How**へ 皆が理解できる見える化へ
共通理解 同じ考え方にチューニングする	…「言葉の裏側にあるその意味づけを社内全員が同じ意味づけとして理解している状態」	目に見えない部分 **Know-How** その人だけが持っているスキル・知識を見える化へ
共通認識 同じ価値観・基準まで落とし込む	…「言葉の意味づけの価値基準を明確にする」	
共通言動 同じ意味付け、価値観に紐づいた言葉を発し、行動を起こす	…「（意味と価値を軸に明確な）同じ言葉を発し、効果的な動きをする」	目に見える部分 **Show-How**へ 皆が理解できる見える化へ

をするか」よりも「いかにするか」――目には見えないけれど確かに感じ取れる行動や言葉の「質」にこそ、人は感動するようになっています。

その質を生み出すものが「あり方」です。人は、誰かの行動の「質の高さ」を感じ取る時、同時に、その質を生み出している「あり方」を体感しているといっていいでしょう。

「花屋が花を売る」だけでは成功できない時代

ここで、「あり方」を定めるとはどうい

うことか、それがいかに、圧倒的な質につながるのか、ふたつほど具体例を挙げてお話ししておきたいと思います。

たとえば、あなたがお花屋さんの店長だったとしましょう。

「あなたの仕事は何ですか？」と聞かれたら、なんと答えますか？

「私の仕事は、花を売ることです」――おそらく、こんなふうに答えるのではないでしょうか。花屋なのだから、花を売る。当然です。でも、これだけだと「あり方」も「やり方の基準」もありません。

もし、あなたが「あり方」の定まっているお花屋さんだったら、また違った答えになるはずです。たとえば、「私の仕事は、美しさを売ること。花は、そのための手段なんです」というふうに。

この「あり方」の有無が、圧倒的な質の違いにつながります。

では、「私の仕事は、花を売ることです」という思考だと、どんな仕事内容になるでしょう。人の思考のフォーカスは、何気にない言葉に出るものであり、それが、日常業務や、準備につながっています。

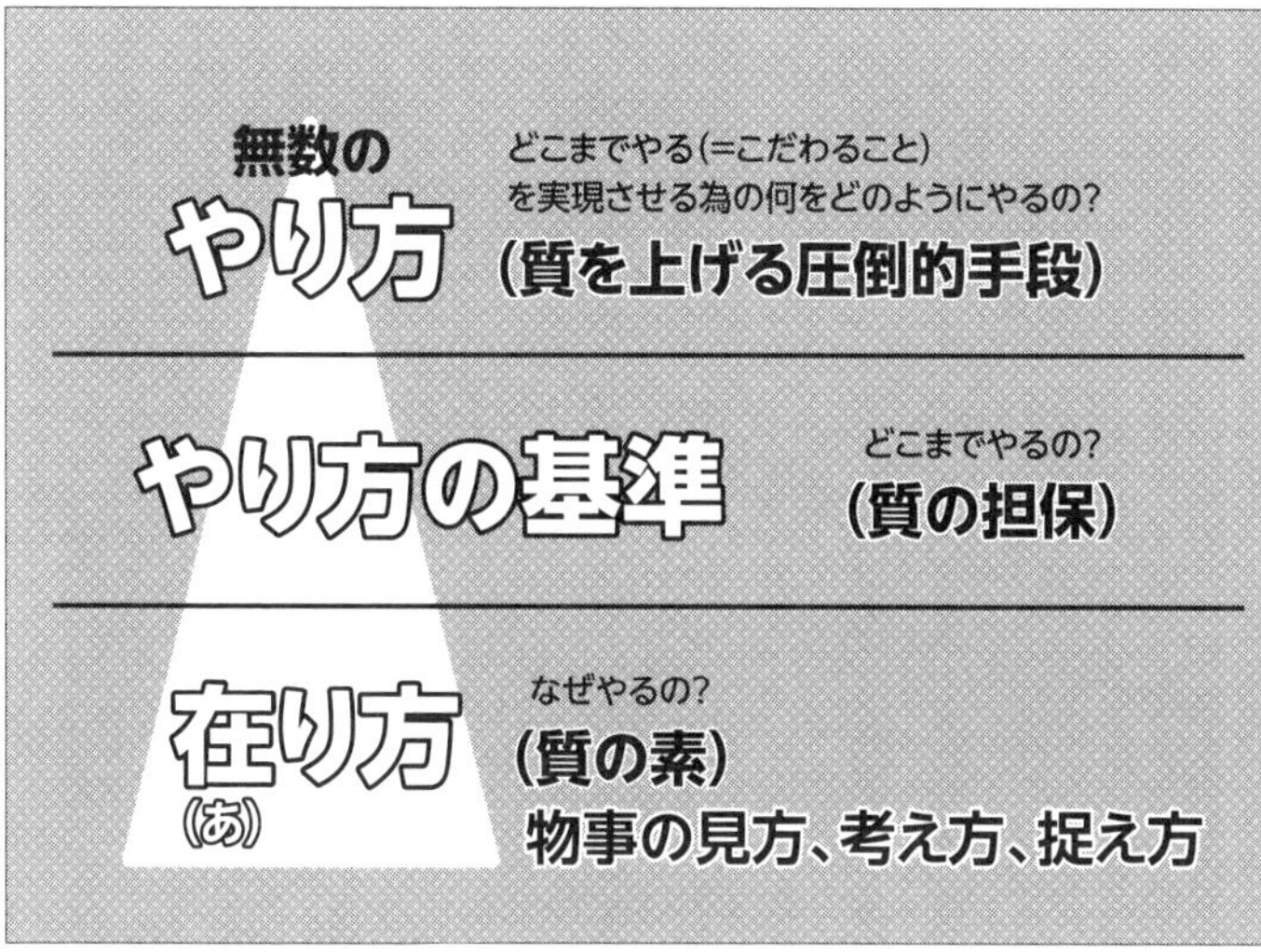

「私の仕事は、花を売ることです」という場合、売りものは「花」ですから、きっと、花の品揃えや花の鮮度、さらには、お客様が買いたくなるように、花をきれいにレイアウトすることなどに気を配るでしょう。

では、「私の仕事は、美しさを売ること。花は、そのための手段なんです」という思考だと、どんな仕事内容になると思いますか。

もう一度、いいますが、人の思考のフォーカスは、何気にない言葉に出るものであり、それが、日常業務や、準備につながっています。

日常業務のなかでは、手段である「花」が美しくなくては話になりませんから、やはり花の品揃えや鮮度、レイアウトには当然、気を配るでしょう。

ただ、この店の売りものは、なんといっても「美しさ」ですから、それだけでは足りません。お客様によって、美しさの定義や、求める美しさは違います。

お客様の用途によって、花の美しさも、もちろん変わるということです。仏壇に供えるお花なのか、結婚式に使うお花なのか、お誕生日に持っていくお花なのか、はたまた、入院している友人へ持っていくお花なのか……。美しさは、それぞれ違います。

だから、「私の仕事は、美しさを売ること。花は、そのための手段なんです」という「あり方」を表現するには、売る側が、買い手側のお客様の立場に立って、どのような用途で使うのか、自分からお客様に聞けるようでなくてはいけません。

そのためには、コミュニケーショントレーニングなども、準備のひとつとしてやることになるのかもしれません。

また、手作りのブーケの美しさはもちろん、お店の美しさ、売る人の外見的・内面的な美しさもなくては、看板に偽りありになってしまいます。

となれば当然、ブーケ作りではセンスが光り、お店の清掃は行き届き、さらには店員さんが素敵な笑顔で丁寧な接客をしてくれる、そんなお店になるはずです。

はたして、質という点で優っているのはどちらでしょう。

店の清掃や整理整頓、店員の装いや接客にまで徹底して取り組むのは、一見、非効率と思えるかもしれません。花屋なのだから、花のことさえちゃんとしていればいいんだという考え方では、たしかにそうでしょう。

でも、お客の立場になったら、どちらのお花屋さんに行きたいですか？

このように、「あり方」が定まっていると、「この『あり方』に従うならば、何をするべき？　どれくらいするべき？」という軸に沿って、やるべきことを考えるレベルが上がり、その思考の自動反応として、行動や言葉のレベルも上がります。だから、自然と、全体的な質が圧倒的に高くなります。

こうなると、もはや努力の差ではありません。

「あり方」によって、元より立っている「視座」に差が出ているので、「視野」の広さも「視点」の柔らかさも、まったく違う。つまり、見えている世界が違うから、行動の選択肢からして差があるのです。「あり方」が定まっていると、圧倒的な差が生まれるとは、こういうことです。

「誰のための効率性か」を考える

いかがでしょう。いまだかつてないほど「質」が求められている世の中では、「あり方」こそが選ばれ続け、生き残っていく重要なカギであるということが、うまく伝えられていたらうれしいです。

先ほどもいったように、「あり方」に基づく、さまざまな行動は、多くの場合、傍目には非効率と映るでしょう。仕事は効率性が大事、そのためには、そんな余計なことをするべきではない、と。

でも、その効率性とは、いったい誰のための効率性なのでしょうか。

ここでもうひとつ、例をあげましょう。オフィスの電気設備全般を請け負っている業者さんの話です。ちょっと想像しながら読んでみてください。

ある日、あなたの会社の会議室の照明を取り替えに、その業者さんがやってきました。こちらが発注したとおりの電球を取り付け、「ありがとうございました。また何かあれば、ご連絡ください」と言って、納品伝票を置いて帰る。これが通常のパターンでしょう。

もちろん、これでも何も問題はありません。でも、その業者さんの「あり方」の定め方によって、やはり大きな違いが出るのです。

もし、この業者さんが、「当社は電気設備全般を扱っているけれど、提供したいのは部屋の『明るさ』という価値なんだ」――そんな「あり方」を定めていたら、はたして、どんな違いが生じると思いますか。

「明るさ」という価値を売るプロフェッショナルとしては、単に発注されたとおりの電球を付け替えるだけとはいきません。

たとえば、「すみません、どれくらいの明るさがベストなのか見極めたいので、実際の会議の様子を拝見できませんでしょうか。30秒あれば十分ですので」といって、その会議室にぴったりの明るさに調整するでしょう。

では、ここで比べてみてください。

一方には、発注通りの電球を取り付けるだけの業者さんがいます。

もう一方には、本当に必要な明るさを提供してくれて、それによって、その会議室を使う人たちがより快適に空間を過ごすことができる。つまり、明るさを通してその部屋の価値をさらに魅力的に変革していく。そんな業者さんがいます。

どちらの業者さんと、ずっとお付き合いしたいと思うでしょうか。

間違いなく、後者であるはずです。

ここで最初の問いに戻りましょう。

効率性は、いったい誰のためのものなのか。

業者側の効率性ならば、発注されたとおりの電球を取り付けて、さっさと帰ったほうが効率的です。そこを、わずかな時間とはいえ、会議に同席してまで明るさを調整する。これで助かるのは、もちろんお客様です。

もうわかりますよね。業者側にとっての非効率性は、お客様の効率性なのです。

そして、一見、自分たちにとっては非効率的なことを、お客様のためにあえてやる、その選択肢をとれるのは、「あり方」が定まっていてこそ。だから、「あり方」によって、選ばれない、選ばれつづけるという大きな差がつきます。

この一例を、もっと広げて考えてみてください。

相手にとっての効率性とは何か。これが、本当にできる人の思考です。

そう考えるクセがあると、たとえば、ピンチがやってきたときにも、「これはチャンスだ」と思えるようになります。なぜなら、「そんなの無理、できない」というピンチとは、往々にして、相手の効率性が問われている事態だからです。

「チャンスはピンチの顔をして突如やってくる!!」

私は、この瞬間を「チャンスタイム!」と呼んでいます。

自分にとっては理不尽で、腑に落ちない、非効率的なこと。けれども、それが相手の効率性を叶えるものなのだとしたら、何とか実現する道を探り、見つけ出す。この時点で、効率性を自分側の都合と考える人よりも、はるかに質高く行動できるというのは、十分、うなずける話ではないでしょうか。

仕事、プライベートを問わず、相手の効率性を一番に考えられる人は、やっていることの質を、圧倒的に高めることができるのです。

お客様は「神様」ではなく「親友」だ

お客様の効率性のために行動する。こういうと、仕事がすごく自己犠牲的で、つらいものに思えてくるかもしれません。「何でも言うことを聞かなくてはいけないのか」と思ってしまうかもしれません。

ここではっきりさせておきましょう。

「お客様のため」に力を尽くすというのは、決してつらいことではないし、相手の言いなりになることと同義でもありません。

なぜなら、お客様は「神様」ではなく「親友」だからです。

そう考えてみると、どんな思考の変化が起こりますか？

神様だと考えると、お客様の言うことは「絶対」になります。ひょっとしたら、結果的にお客様のためにならない可能性があることだって、是が非でも叶えなくてはいけません。

それだと、たしかに自分がしんどいし、ときには過ちすら犯しかねません。

でも、お客様を「親友」だと考えてみると、どうでしょう。

相手の喜ぶ顔を見たくて、自然に一生懸命、考えて行動するのではないでしょうか。もし、親友が間違ったことを求めてきたら、「それはあなたのためにできない」と、はっきり告げることもできるでしょう。

私を育てていただいたテーマパークでも、ゲストのご要望は最大限、叶えるようにスタッフは動きますが、かといって、ゲストの言うことは絶対ではありません。

もし、ゲストの言うことが絶対だったら、たとえば、お子様を木の上に登らせてパレードをご覧になっているゲストを、注意できなくなってしまいます。でも、それはゲストの危険を脅かすことであり、ひいては「ゲストにハピネスを提供する」という私たちの「あり方」を崩すことでもあります。

だからキャストは、そういった光景を見たら、ゲストがどう主張されようと、やめていただきます。「ルールだから」ではありません。ゲストのためを本当に思うからです。

ゲストも「ルールですので」と言われたら、「こっちにもルールがある」と返されるでしょう。でも、「お怪我をされたら、今日一日が台無しになってしまいます。私は（ゲストにハピネスを提供するために）全力でお客様の安全を守りたいんです」と伝えれば、こちらの思いをわかってくださいます。

これも、お客様は「親友」だと思っているから。だからこそ、ご要望には最大限応えつつも、「ダメなものはダメ」と告げることができるのです。

「あり方」が定まれば、やり方は無限大

今まで説明してきたとおり、「あり方」と「やり方の基準」は、ルールやマニュアルではありません。

ルールやマニュアルを設ければ、たしかに、つねに、とるべき行動の参照にすることはできるでしょう。ただルールやマニュアルの問題は、「やり方」が固定されているために、行動の柔軟性が失われてしまうことです。「こういうときは、こう」と機械的に対応するだけになり、臨機応変に対応する力を発揮できなくなってしまうのです。

これでは、不測の事態が起こったときに、何もできません。

行動の選択肢は無限にあります。「やり方」はゴマンとある。その無限大の選択肢から、何を選び取って行動するのか。その指針となるものが「あり方」です。つねにここに立ち

返るからこそ、どんな事態に対しても、「あり方」に見合った最適な行動を選ぶことができるのです。

それを如実に物語る出来事が、２０１１年、東京ディズニーランドで起こりました。

２０１１年３月11日。東日本を巨大地震が襲いました。

いまだに行方不明の方も合わせて、２万にも及ぶ犠牲者を出した東日本大震災です。震源は東北でしたが、関東でも大きな揺れを観測しました。東京ディズニーランド・ディズニーシーのある千葉県も例外ではありませんでした。

この地震によって、ついさっきまで「夢と魔法の王国」で楽しんでいた多くのゲストたちは、不安のどん底に突き落とされました。

帰路につけたのは、徒歩で帰れる少数の地元のゲストだけで、ほとんどのゲストは園内に残らざるをえませんでした。たびたび起こる余震で建物が崩れるかもしれない、物が落ちてくるかもしれないとゲストは不安になり、身動きすらできない状態が続きます。

まさに予断を許さない非常事態――と、そこで、ディズニーシーのショップで働いていたキャストが行動を起こしました。

「この建物は安全です。絶対に壊れません。みなさん、落ち着いてください」とゲストに対して不安を与えないようにお声がけをしました。そして、この日はとても寒かったので、普段はショップで売られているショッピングバッグ（ビニール製の有料おみやげ袋）を無制限に無料配布しました。このショッピングバッグはLサイズならば大人一人、S～Mサイズならば子ども一人がスッポリ入るくらいの大きさです。底に穴を開けて逆さにし、穴から頭を出して被れば立派な防寒具になるのです。

それだけではありません。「ゲストにできるだけ暖かく過ごしていただきたい。ゲストを雨や寒さから守りたい」という気持ちで、キャストはショッピングバッグのほかにも使えそうなものは何でも配りました。

普段は絶対に表に出さないゴミ袋、ダンボール、使い捨てのポリエチレン手袋まで配布するなど、ゲストに暖をとっていただくためにマニュアルにはない行動を起こしたのです。

さらに、ゲストの不安とともに空腹にも対処するため、非常用のひじきご飯や、ショップで売られているクッキーやチョコクランチ（ウェハースをチョコでコーティングした人気のお菓子）を無料でゲストに配布し、当面の非常食代わりとしたのです。

こうした行動は、日ごろの非常時の訓練（トレーニング）の積み重ねから生まれたものでした。「準備12割」の気持ちで、少しやりすぎるくらいの圧倒的なレベルで日々自己研鑽を行い、万が一の時のために全力でトレーニングを積み重ねる。事前に必要十分以上に積み重ねた準備が、マニュアルにとらわれない自由かつ的確な行動を生み出すという精神です。

そのすべての根底にあるのは、「すべてはゲストの安全と安心のために」というあり方です。彼らは、この非常事態に直面したときに、「ディズニーのキャストとして当たり前の考え方（シンプルな哲学）」を守り、マニュアルにとらわれず自分の頭で考えて即座に判断し、行動に移したのです。

この東日本大震災での対応は、たちまちに「ディズニーの神対応」として世間の評判を集めました。「アルバイトのスタッフが、これほど的確な行動を瞬時にとれた」と世間は驚き、賞賛しました。

ではなぜ、そんな世間でいわれた「神対応」ができたのでしょう。

それを可能にしたのは、「ゲストにハピネスを提供する」という「あり方」であり、「ハピネスを提供するには何をするべき？　それを、どれくらいするべき？」という「やり方の基準」です。

もし、ショッピングバッグを配ったキャストに、「私はショップ店員です」という「あり方」

しかなかったら、ふだんはお金と引き換えに渡している商品を無料で配布するという行動を、即座には選べなかったはずです。クッキーやチョコクランチを無料配布したキャストたちにしても、同様です。

彼らに共通していたのは、「今、この非常事態に、少しでもゲストのハピネスに、安心・安全に寄与するには、どうしたらいいか」という思いだけでした。「この状態では、平時のようなハピネスは提供できない。ならば、ゲストの不安と空腹を少しでも和らげ、安全を確保し、安心していただくこと、それが今やるべきことだ」と。

ルールやマニュアルに従っているだけでは、こうした臨機応変力は生まれません。

非常事態に限った話ではなく、いつだって、私たちの目の前には、無数の行動の選択肢があります。「やり方」だけを見ればゴマンとあるなかから、どれを選び取るか。何も指針がなければ、迷い、悩むだけでしょう。

「あり方」は、無数の選択肢から、本当にとるべき行動へと自分を導くものだという話が、ここでもおわかりいただけると思います。

「なぜそれをするのか？」――答えられますか？

今まで「あり方」について読んできて、いかがでしょうか。

世の中には、行動や言葉を変えることが先決、という考え方もあると思います。まず行動と言葉を変えることで意識、思考を変えていく。この手法が奏功する場合も、あるのかもしれません。

それでも私は、あくまでも、内面から変えていくことが、結果的にもっとも確実だし、遠回りのように思えて一番の近道だと考えています。というのも、いくら行動や言葉を変えても、内面がともなっていないと、手応えを感じにくいからです。手応えを感じにくければ、内面まで変わる前に、きっとやめてしまうに違いありません。

でも、「あり方」を定めるという方法だと、決定的に違う点があります。

それは、「あり方」が定まっていると、何より自分が納得したうえで行動し、言葉を発するようになるということ。前にも「役割意識とは目的意識である」という話をしましたが、まさに「何のためにそれをするのか」に心から納得している。「あり方」があると、その状態で行動し、言葉を発することになるのです。

表層的な行動や言葉なのか、心からの行動や言葉なのは、相手にも伝わるものです。

つまり、心からの行動や言葉のほうが、ずっと手応えを感じやすい。そして手応えを感じるほど、「これでいいんだ」「これがいいんだ」と腑に落ち、さらに行動や言葉が、当たり前のこととして根付いていくというわけです。

「あり方」とは、いうなれば行動、言葉の「根拠」「理由」となるものです。根拠や理由は、人にとって最大の行動原理であり、それがないまま「どうやったらうまくいくのか」を考えても、効果は薄くならざるを得ません。

「なぜこうするのか」「なぜこう言うのか」――「あり方」を定めると、この点に自信をもって答えられる思考になります。こうして、あなたの行動も言葉も、本当に人の心を動かせるような力強いものとなるのです。

「役職」ではなく「役割」を考える

会社員であれば、役職はつきものです。課長、部長といった、いわゆる役付きだけではなく、役がついていない一社員も、ひとつの役職といっていいでしょう。

組織には、ある程度の序列は必要です。マネジメントする側、マネジメントされる側という区別がなくては、組織運営は成り立ちません。それぞれが、それぞれに与えられた職務をまっとうするということも重要でしょう。

ただ、一人ひとりが仕事を圧倒的に高めるという意味では、ときとして、そうした役職意識が邪魔になることも多いのです。

組織がうまく回るためではなく、一人の仕事人として大切なのは、役職意識ではなく「役割」意識です。役職と役割、どう違うの？　と思ったかもしれませんね。ひとつ簡単な例を挙げて説明しましょう。

自分の部屋に紙くずが落ちていたら、きっと誰もがゴミ箱に捨てるでしょう。でも、最寄りの駅のホームに紙くずが落ちていたら、どうでしょうか。おそらく、素通りしてしまう人が多いと思います。

同じ紙くずなのに、どうして、とる行動が違うのでしょう。なぜ、駅前の紙くずは拾わないのでしょうか。無意識かもしれませんが、そこには「ここは私の部屋ではない」という区別があり、もっといえば「ホームのゴミは誰のゴミかもわからないゴミだし（私のゴミではない）、わけのわからないゴミを拾えないし、それを片付けるのは清掃員の仕事でしょ」という前提、思い込みがあるはずです。

これが役職意識です。

この話を、自分の職場、自分の仕事に置き換えて考えてみてください。「これは私の仕事ではない」なんて思ったことはありませんか？ そんな役職意識が、じつは、あなたの仕事の質を下げてしまっているかもしれないのです。

では、「役割」意識とは何でしょう。

ひとことでいうと、役職は「責任」である一方、役割は「目的」です。

課長は課長の責任、部長は部長の責任、そして社員は社員の責任を果たす。もちろん重要なことですが、つねに「何のためか」という目的を意識していることが、仕事の質を圧倒的に高めることにつながるのです。

自分の仕事は、何のためにあるのか。自分の会社は何のためにあるのか。これに対する答えはひとつです。どんな仕事も、その仕事を受け取る相手、お客様のためにあるのです。

この目的をつねに意識してみると、どんな変化が起こるでしょう。きっと目的を達成するために生じるいろいろな仕事を、「これは私の仕事ではない」なんて思うことなど、なくなるはずです。役割意識があるというのは、役職としての責任を果たしながらも、役職意識に縛られすぎることなく、仕事に熱中できるということです。そのとき、仕事の質は圧倒的に高まるというわけです。

このように高い目的に紐付いた役割意識があると、チームづくりにも変革が起こります。その役割から高い目的を達成するために、タテ割り組織のトップダウンの指示系統に縛られることなく、ときに周りの人に声をかけ、それぞれの強みを活かし合いながら、目的に沿って有機的に目標達成していけるチームづくりが可能になります。

こうして、互いの強みを発揮しながら、高い目的を実現するための目標を達成していく、そんなチームのことを、私は「インクルージョンチーム」と呼んでいます。

今、求められているのは、トップダウンより「インクルージョン」です。

タテ割りが固定化された組織から、高い目的のために、柔軟にやるべきことを遂行し、強みを活かし合うために状況に応じて必要な人材をアサインするチームへ。この変革を遂げることで、それぞれが役割を明確に、高い目的意識をもって皆と目標達成していくこと。ここにも、最強のチームを創り出す原理原則があるのです。

もうお気づきかもしれません。役割を意識することは、そのまま「あり方」を意識することにつながります。「何のためにいるのか」「なぜそれを遂行するのか」というのは、自分の存在を問うこと、チームの存在を問うこと、すなわち「あり方」を問うことなのです。

「あなたの仕事は何ですか？」

やっていることの質が、自然と圧倒的に高くなり、選ばれ続ける人材になる。そんな劇的な変化を起こす可能性に満ちている「あり方」を、どう定めたらいいのか、ここからは、そのポイントをいくつかお話ししたいと思います。

「あなたの仕事は何ですか？」——究極的には、この質問への答えを考え抜くことが、「あり方」を定めるということです。

より厳密に言えば、こういうことです。

あなたの仕事のこだわり（本質）は何ですか？

あなたがお客様に届けたいことは何ですか？

たとえば、あなたが売っている商品、サービスは「手段」でしかないとしたら、あなたはお客様に何を提供しているのでしょう？

こうした問い対して、自分が本当に納得できる自分らしい答えを見つけたときに、やることの質が圧倒的に高まるのです。

私が多くを学ばせていただいたテーマパークも同じです。

「どうしてそこまでやるの？」「どうして、そこまでこだわれるの？」なんて聞かれるのですが、「当たり前だから」としか答えようがありません。

そして、なぜ「当たり前」と思うのかというと、前にもお話ししたように、確固たる「あり方」が、キャストたちの言動のすべてを支えているからです。

遊園地には、いろいろな仕事があります。

アトラクションの案内をするスタッフ、グッズを販売するスタッフ、飲食店のウェイターやウェイトレス、料理を作るスタッフ、園内をそうじする清掃スタッフ……本当にいろいろな力が合わさって、遊園地は運営されています。

おそらくどんな遊園地でも、誇りをもって仕事をしているスタッフは多いことでしょう。

「私の仕事はアトラクションにお客様をご案内することです」「グッズを販売することです」「お客様に料理をサーブすることです」「お客様のために料理を作ることです」「園内

をきれいに保つことです」――そんな思いで、きっと一生懸命仕事をしているのだと思います。

それでも、このテーマパークほど圧倒的にならないのは、やはり「あり方」の違いです。

そこで働くキャストたちのあり方は、「ゲストにハピネスを提供すること」。だから、「あなたの仕事は何ですか？」と聞かれたら、担当がアトラクションの案内だろうと物販だろうとレストランであろうと清掃であろうと、何であろうと、キャストたちは、こう答えるでしょう。

「私たちの仕事は、ゲストにハピネスを提供することです」

この「あり方」から、何を、どれくらいやったら、お客様にハピネスを提供できるだろうかという、「やり方の基準」が生まれます。それは、徹底してお客様の立場に立ち、お客様に向き合い、その要望や困りごとを察して、自分から行動するということ。だから、キャストの言動のすべてが、他の追随を許さない圧倒的な質になるのです。

強いて圧倒的であろうとしているのではありません。自分たちの「あり方」からすると、そこまでするのが「当たり前」だから、決して押し付けがましくなく、自然に圧倒的な質になってしまうというわけです。

「あり方」を定める基準はふたつ

「あり方」を定めるには、ふたつ、とても大切なことがあります。

ひとつは、自分のワクワク感です。

あり方を定め、そこから基準を整えるのは、「人のため」を重んじるあまり自分を犠牲にするためではありません。相手が大事、みんなが大事。みんなを幸せにしたい。その「みんな」のなかには自分自身も入っています。

あり方を定め、基準を整えるのは、自分は「何のために」いるのかという点に心から納得したうえで、自分のやっていることの質が自然と圧倒的に高まるような思考グセをつけるためです。自分が苦しくなるようなあり方では、それは叶いません。

これは、企業研修などでも、私がつねにお伝えしていることです。

研修になると、どうしても「優等生思考」みたいなものが出てしまい、自分の本心からではない、いわば「(研修のための)研修用課題」を設けがちです。

それは確かに正しくて美しい言葉の羅列ですが、私が見ても何だかワクワクしないし、肝心のご本人もワクワクしているようには見えません。なぜなら、それは、その人の本心を映し出す言葉ではないからです。

だから私は、つねに「これは本当にあなたのやりたいことですか？　ワクワクしますか？」と聞くようにしているのです。

というわけでひとつめは、自分のワクワク感。どういう「あり方」ならば、自分は幸せになれるかどうか、です。

そしてふたつめは「全体最適性」です。

全体最適性とは、読んで字のごとく、全体にとって最適であるということ。自分に関わるすべての人が幸せになるために、自分は何者になればいいのか、どんな存在であればいいのか、そんな視点から「あり方」を定めるということです。

「自分一人さえ幸せならいい」あるいは、「自分と目の前の相手さえ幸せならいい」といった部分最適的な発想からくる「あり方」では、人生を大きく向上させるような行動は生まれません。

ここで大事なのは、いくら部分最適を足しても、全体最適には近づかない、ということです。まず自分の幸せを徹底的に追求することが、全体の幸せにつながるといった考え方もありますが、これらは、じつは同時進行で考えなくてはいけません。

自分がワクワクできて、「なおかつ」全体最適を叶えるには、どんな「あり方」を定めたらいいか、と考えてみてください。

あなたの大切な人は、何を大切にしていますか？

「あり方」は、自分のワクワクと全体最適性に従って定めること。もし、これがピンとこなかったら、「自分の大切な人、尊敬する人が大切にしていること」を参考にするのも、ひとつの方法です。

仕事だったら尊敬する上司、プライベートだったら大切なパートナーや両親など、あなたの大切な人は、何を大切にしていますか？

尊敬する人、大切な人と、できるだけ時間を共に過ごし、その人の言動をつぶさに観察してください。必ず何かしら、その人が大切にしていることが見えてくるはずです。

自分のワクワクや全体最適性に従って定めるのが難しければ、このように、あり方のお手本を見つければいいのです。

あるいは、大切な人ではなく、「素敵だな」と思う人をお手本にするのもアリです。

それは身近ではない有名人でもいいし、もっといえば、漫画やドラマの登場人物でもかまいません。その人物やキャラクターを徹底的に観察して、どんなあり方を貫いているのかを見つければ、十分、お手本になります。

ここでひとつ、ワークをやってみましょう。

あなたが、「この人なくしては生きられない」「この人の背中をずっと追いかけたい」と思うくらい大切な人、尊敬する人、素敵だなと思う人、愛すべき人が誕生日を迎えます。あなたがその人に対してしてあげたいと思うこと（準備）を7個、書き出し、なぜそれをしたいのかという理由まで書いてみてください。112ページのワークへ（1~7の問いを答えて記入してください）。

皆さん、いかがでしたでしょうか。問いに向き合って（コンフロント）して、あなたは、1~7の問いから何を気づき、何を学び、何を感じられましたか？

次に、113ページのワークへ（まずは、STEP1「在り方」について考え、その後、

ＳＴＥＰ２のやり方の基準へ、最後はＳＴＥＰ３の無数のやり方を考えてみましょう）。

ポイントは、「この人なくしては生きていけないワーク」で導き出した「最適解」の内容から、会社視点で置き換えた際に、自社スタッフ、お客様、お取引先様にも「なぜそれをやるのか？」という問いに対して同様のレベルで考えることが成功の秘訣になります。

いかがでしたでしょうか？「すごいなあ」「感動するなあ」と思ったことを改めて噛みしめるというのは、その人の「視座」からものを捉えるという体験です。それが「あり方」の指針であり、「やり方の基準」をもつ土台となっていくのです。そのやり方の基準を持って生み出された「やり方」はひとつではなく無数のやり方があるんだということを皆さんは気づかれたのではないでしょうか。この無数のやり方が相手の立場に立って、自分から喜んでもらいたいというホスピタリティの精神に繋がる圧倒的なやり方になるのです。

この人なくしては生きていけないワーク

愛すべき人が誕生日を迎えます。あなたは今、とても忙しい状況です。
あなたがすべきこれから準備する行動ベスト7を書き出してみましょう!

	どのような準備をしますか?	なぜそれをこだわってやるのでしょうか?
1		
2		
3		
4		
5		
6		
7		

最適解

1～7までの準備とそれに伴うこだわりを見た時に、なぜあなたはそれを行うのでしょうか?

無数の
やり方
（質を上げる圧倒的手段）

どこまでやる（＝こだわること）を実現させる為の
何をどのようにやるの？

STEP 3

やり方の基準
（質の担保）

どこまでやるの？

STEP 2

在《あ》り方
（質の素）
物事の見方、考え方、捉え方

なぜやるの？

STEP 1

※「この人なくしては生きていけないワーク」から導き出された最適解を私たちの大切な仲間であるスタッフ、お客様、取引先様に対して、同レベルで考えた時に、なぜそれをやるのですか？

処方箋❷——「マジック」を探る

ウォンツ、ニーズ、マジック！

思考グセを変えるひとつめの処方箋は、「あり方」を定めること。そして、これからお話しするふたつめの処方箋は、「ウォンツ、ニーズ、マジック！　の原則」です。

最初に種明かしをしてしまうと、これは「相手が本当に求めていること」を見つけて叶える、それができるような思考グセを身につけよう、という話です。

お客様や上司、大切な人など、相手のニーズに応えることの重要性は、きっと誰もが認識していると思います。その反面、相手のニーズの探り方、見つけ方というと、たいていは手探りではないでしょうか。それを、誰もが使える方法論として確立したのが、「ウォンツ、ニーズ、マジック！　の原則」です。

相手と同じくらい高い視座から物事を捉え、相手と同じくらい広い視野で物事を考え、そして相手くらい柔らかい視点で物事を眺めてみると、相手が本当に求めていることが見えてきます。

ただ相手から要望されたことをすればいい、という話ではありません。

相手が本当に求めていることがわかれば、それを実現する方法は、実際にはゴマンとあるはずです。ここでも重要なのは、やはり「言われたとおりにやればいい」「これさえやればいい」というやり方ではなく、相手の期待を軽々と超えてみせる行動を生む、思考グセなのです。

相手の「視座・視野・視点」をもったとき、相手の本当に求めることを、圧倒的な質で実現できるという「マジック」が起こります。それは、相手が自分でも気づいていないような、本当のニーズを掘り起こして実現するという、まさに「マジック」と呼ぶにふさわしい行動です。

前置きが長くなってすみません。そんなマジックを起こす思考グセをつけるコツが、これからお話ししていく「ウォンツ、ニーズ、マジック！　の原則」なのです。

魔法のような気づき、「ミラクル・アウェアネス」を探る

「ウォンツ」とは、相手が表面上「欲しい」と思っていること。わかりやすいので、それを叶えるのは比較的、簡単といっていいでしょう。ただ、これだけだと、まだ思考が浅く、相手を感動させるマジックにはなりません。

そこで必要になるのが、「ニーズ」を探るという思考です。ニーズとは、いうなれば、ウォンツの裏側に隠れた本当の欲求のこと。お客様が、その製品やサービスそのものというより、その製品やサービスから得られると期待している「現象」が、ニーズです。ウォンツは「表面的な欲求」、ニーズは「本質的な欲求」と区別してもいいでしょう。

たとえば、「そうじ機が欲しい」というのはウォンツです。

では、そうじ機に何を求めているのか。ここにニーズが隠れています。そしてさらに、なぜそうじ機が欲しいのか。ここにこそ、本当に求めているマジックが隠れているのです。

順を追って説明していきましょう。

仮に、そうじ機に求めているのは「軽さと吸引力」だとしましょう。そうじ機という家電に、「手が疲れずに、強力に部屋の隅々のゴミを吸い取ってくれる」という現象を期待

しているわけです。

そうなると、そうじ機ならなんでもいいわけではなく、「軽くて吸引力の強いそうじ機」のほうが、より本質的な欲求を満たしてくれるでしょう。

でも、これだけでは、まだマジックは起こりません。

そこで、もう一歩進めて、なぜそうじ機がほしいのかといえば、「つねに部屋の中で、ストレスなく快適に過ごしたいから」だったとしましょう。

だとしたら、そうじ機がベストアンサーではないのかもしれません。「つねに部屋の中で、ストレスなく快適に過ごしたい」のなら、よりいっそう本質的な欲求を満たすのは、空気清浄機かもしれないし、アロマキャンドルかもしれないし、観葉植物という可能性だってあります。

もうお気づきでしょうが、マジックは、ニーズの対象、つまり「そうじ機が欲しい」というウォンツを満たさなくても起こせるものです。ニーズとマジックを探っていき、自分でさえも気づいていないミラクル・アウェアネス（魔法のような気づき、目覚め）を得ることで、じつは、そうじ機ではない別の方法がベストアンサーになるかもしれないのです。

こうした思考訓練を、人に対して行うというのが、「ウォンツ、ニーズ、マジック！

の原則」です。

お客様や上司、大切な人たち――。彼らがあなたに明確に示すウォンツの裏側には、必ず、より本質的なニーズが隠れているものです。

そのニーズからミラクル・アウェアネスを探り当て、圧倒的な行動の質で実践し、叶えることができたとき、彼らの予想と期待をはるかに上回る、素晴らしい成果が生まれるのです。これが、マジックが働く瞬間です。

私たちのニーズは、じつは簡単に言語化できないことが大半です。人は、自分のことほど、わからないもの。自分が本当に感じている欲求、自分が本当に抱えている困りごとほど、自覚できないものなのです。

ただ、たしかなのは、私たちは、つねに幸せになりたいと願っているということです。そして幸せとは、ときには自分すら把握しきれていないニーズ、そこから導かれるミラクル・アウェアネスが満たされることで、得られるものです。

つまり、自分自身が相手を客観的に観察し、本質的なニーズを探り当て、圧倒的な行動の質で実践して叶えるというのは、究極的にいえば、相手のなかにつねにある「幸せになりたい」という潜在欲求に焦点を当て、満たすということ。

だから、ニーズを探り当て、それを圧倒的な行動の質で叶えたときには、相手を感動させる極上のマジックが起こるのです。

タクシーがあるのに「ウーバー」が普及した理由

ここでひとつだけ例を挙げると、近年、急速に普及したウーバーはマジックの好例です。バスでも電車でもなく、自分のためだけに目的地まで走ってくれるという意味では、すでにタクシーというサービスがありました。

そんななか、なぜ、ウーバーは普及したのでしょう？

ここで「ウーバー誕生秘話」をお話ししておきましょう。

ウーバー創業者、トラビス・カラニック氏は、ある日、道でタクシーを拾おうとしていました。

しかし、道のどこにもタクシーが走っていません。そんなとき、遠くに見えるホテルのエントランスに、タクシーが何台か、お客様を乗せるために駐車しているのが目に入りました。

カラニック氏は思いました。

「なぜ、あのタクシーは休んでいるんだ？」

もちろん、ホテルから出てくるであろうお客様を待つために、タクシーは待機しているわけですが、カラニック氏からすると、無駄に時間を使っているように見えたのです。

つまり、「街にはタクシーを必要としている人がたくさんいる（今の自分自身のように）。しかし、本当に必要な人のところには、タイムリーにタクシーがおらず、いつ来るのかわからないお客のところにタクシーがいる。これは正しいのだろうか？」と。

さらに、道には、たくさんの車が走っています。

それを見て、カラニック氏はまた考えました。「もし、この車の行き先と私の行き先が同じ方向で、そこに乗車させてもらうことができたら。どんなに効率的だろう」と。

まさに、その瞬間、マジックを起こすアイデアが生まれたのです。

タクシーは、公共の交通機関を使うよりラクだし早い。でも、カラニック氏の例を出すまでもなく、いわゆる「流し」のタクシーになかなか出会えない、というのは、よくあることでしょう。

加えて、タクシーに乗るたび、私たちは、「あること」が気になっていたはずです。目的地までいくらかかるか、わからない……。カシャンとメーターが上がるごとにヒヤヒヤした経験は、誰しも覚えがあるはずです。「呼ぶと別料金がかかる」というのも、タクシーの難点でした。

このように、じつは感じていた不便や困りごとを深掘りしていくというのは、まさにミラクル・アウェアネスを深めていくプロセスです。

ウーバーは、「ここから、あそこまでなら、これくらいです」と先に所要時間や料金を提示してくれるし、車の種類（乗り合い、普通車、高級車など、自分に必要な移動環境）も柔軟に選択できます。そして自分の現在地の一番近くを走っている車両が、正確な時間とともに迎えに来てくれます。

こうして、ウーバーは、私たちが潜在的に感じていた不便や困りごとを解消するという、マジックを起こしてくれました。

しかも、ウーバーが見出したマジックは、世の中の多くの人が必要としていたことでした。だからこそ、当然のように多くから支持され、急速に普及したのです。

この例でいうと、「タクシーを捕まえたい」というのは、私たちのウォンツ、「ストレスなく早く目的地まで辿り着きたい」というのは、私たちのニーズでした。

でも、その裏側には「タクシーがどこにいるのか、どれくらいの時間がかかるのか、いくらくらいかかるか、事前に知ったうえで安心して乗りたい」「確実につかまえたい」というミラクル・アウェネスがあり、そこにマジックを起こすヒントがあったということです。これを探り当てたのが、ウーバーでした。配車サービスの一形態として、ウーバーは、既存のタクシーにはなかったマジックを起こしたのです。

いかがでしょう。

マジックを起こすとはどういうことか、イメージできたでしょうか。

先ほどもいったように、人は、自分のことほどわからないものです。そこで自分が客観的に、その人の「視座・視野・視点」をもってみれば、その人自身がわかっていないニーズがわかり、マジックを起こすことができるのです。

仕事でマジックを起こせば、お客様からも上司からも「つねに期待を超える、できる人」といった高評価を得られるでしょう。プライベートでマジックを起こせば、人間関係は劇的によくなるはずです。

そんななか、マジックを起こされた側は、心からの笑顔や感謝といったポジティブな反応を返してくれるでしょう。それを受け取ることで、自分自身は「よし、これでいいんだ！」と自信がついていきます。

つまり、マジックを起こすほどに自分の感情はポジティブになり、そうなるほどに、いっそうマジックを起こす思考グセは定着し、行動や言葉で、もはや「当たり前」のようにマジックを起こせるようになっていくという、素晴らしい好循環が起こるというわけです。

なぜ、あのブランドは世界で愛されるようになったのか？

ウォンツだけでなく、その裏側にあるニーズを探り当て、そこからさらにマジックを見出すと、ブランドは、世界で愛される一流ブランドになります。

「ウォンツ、ニーズ、マジック！」は仕事でもプライベートでも役立つ思考グセですが、ここでは、わかりやすい例として、いくつかのブランドを挙げておきたいと思います。マジックを起こすとはどういうことなのか、より理解を深めていただければ幸いです。

まず挙げたいのは、ある高級車ブランドです。そのブランドは、なぜ世界で愛される一流ブランドになったのでしょうか。

最先端のエンジニアリングと伝統的な匠の技の融合によって、プレミアムな車を創造する。そのために、このブランドが追い求めているものは、他に類を見ないほどの妥協を許さない姿勢です。

具体例を挙げれば、それは「圧倒的な馬力を実現したい、けれども、そうすると燃費が悪くなる」など、一見両立させることが難しい要素を「圧倒的な馬力にもかかわらず、燃費もいい」と、同時に叶えるために妥協せず、解決方法を探求する姿勢です。

では、こうした姿勢の原点となっているものは何でしょうか。

それこそが、あり方です。

このブランドのあり方とは、「買っていただいてからのお付き合いが、自分たちの商品」というもの。つまり車を売っておしまいではない、その後も続くお客様とのお付き合いが自分たちの商品だからこそ、買っていただいた後もずっとずっと満足していただけるように、妥協を許さない姿勢で車作りに向き合っているというわけです。

このあり方は、店舗での接客法にも表れています。日本の伝統作法を取り入れた独自の接客マナーで、頭の下げ方ひとつをとっても丁寧なだけではなく、お客様を緊張させないように配慮して行っていると聞きます。実際に店舗を訪れた人は、「車の修理で来ただけなのに高級ホテル並みの扱いを受けられた」と口をそろえるほどだそうです。

また、車を修理に出すと、後日、営業所の営業マンが納車に来てくれるのが一般的です。ただ、そこで営業マンが伝えるのは修理工場からの伝達であり、「できることなら……本当は、私の車を修理してくれたメカニックのその人から、直に聞きたい」と思う顧客も少なくないはずです。

まさに顧客のなかに隠れていたマジック。それを、このブランドはとらえました。

車を修理に出すと、納車時に、修理を担当したメカニックが直接、必要な説明をしてくれるそうなのです。それも、高度なコミュニケーションスキルも併せ持つメカニックですから、顧客は「かゆいところに手が届く」「極上のアフターサービスを受けている」という特別感、感動を覚えるといいます。

こうしたアフターケアを提供することで、まさに「買っていただいてからのお付き合いが、自分たちの商品」という「あり方」を貫いているわけです。

自動車メーカーのなかには、売れるまでは顧客を手厚くもてなすのに、売ったあとは疎遠になってしまう……というところも少なくありません。

一方、そのブランドは、「買っていただいてからのお付き合いが、自分たちの商品」という「あり方」を定めました。

修理のご依頼を受けたときに、本当にお客様が望んでいることは何なんだろう、私たちは何をお客様に提供すべきなんだろう――そう真摯に考え抜いたからこそ、「本当に詳しい人から大切な車の状態の説明を受けたい」というマジックを探り当て、それを圧倒的な質で実現することができたのです。


もうひとつ挙げると、アップル社なども、マジックを起こし続けている好例です。これには思い当たる人も多いのではないでしょうか。

パソコン、スマートフォン、タブレットなどを作っているメーカーは、アップル社のほかにもたくさんあります。でも、同業他社が「機能性」で競っているなか、アップル社のCMでは、日本に進出したときからずっと、ほとんど機能性について語られません。

その代わり私たちの目に飛び込んでくるのは、「アップル製品を持つと、こんなにおしゃれで素敵な毎日が待っている」というイメージです。

つまり、アップル社が扱っているのは、そんな「ときめきに満ちた生活」であり、さまざまな機能を兼ね備えた製品自体は、そのための手段といっていいでしょう。

消費者がアップル製品にウォンツを感じるとき、そこには、大きな期待があります。それは、機能性というニーズだけでは想像もできないような、素敵なマジックが起こる、というワクワク感です。アップル社が、世界中で熱烈なファンを獲得しているのは、アップル社が絶えず起こしているマジックゆえのことなのです。


これらの例からも、きっと感じ取っていただいていることでしょう。つまるところ、マジックとは「ほかにはない価値」「お客様自身でさえも気づいていない価値」を提供するということなのです。

ただ、価値を提供するといっても、相手が求めていない価値では意味がありません。「ウォンツ、ニーズ、マジック！」とは、ピント外れな価値ではなく、確実に相手を感動させる価値となるように、相手と真摯に向き合い、唯一無二な自分の行動を磨き上げる思考プロセスであるといってもいいでしょう。

たとえば、振られた仕事の「マジック！」を考えてみる

前項で紹介した企業の例は、わかりやすい反面、ちょっと規模が大きすぎて、自分自身には置き換えて考えづらかったかもしれません。

でも、繰り返しお伝えしているように、「ウォンツ、ニーズ、マジック！の原則」は、個々人の仕事でもプライベートでも役立つ思考プロセスです。

たとえば、上司から仕事を振られたとき。そんな日常的な場面でも、「ウォンツ、ニーズ、マジック！」の思考プロセスを経ると、仕事の質が劇的に上がります。

そんなときは、「上司にとって、これが手段だとしたならば、その先にある目的は何か？」という思考を取っ掛かりにしてみてください。

仮に、あるデータ集計を、明日までにまとめてほしいと振られたとしたら、「このデータ集計が上司にとって手段だとしたならば、その先にある目的は何か？」と考えてみるのです。これが、相手の「視座・視野・視点」をもって考えるということです。

そうすることで見えてくる、「その先にある目的」こそが、上司のニーズです。それを

圧倒的な質で実現することで、上司を感動させるマジックを起こせるのです。あなたの仕事の質は格段に上がり、そうなれば当然、評価も一気に上がるでしょう。

プライベートの場面でも、まったく同じです。

「こうしてほしい」と言われたことや、「こうしてほしいんだろうな」と想像したことを、ただやってあげるだけではなく、相手のウォンツからのニーズは何なのかと、もう一段も二段も深く考えるクセをつけてみてください。そうすると、キラリと光るマジックが姿を現します。

こうして、徹底的に相手の立場から物事をとらえ、考え、マジックを起こすクセをつけることが、いかにプライベートの人間関係をも向上させるか、実践するごとに、きっと強く実感していただけるはずです。

「お客様でさえも気づいてない困りごとを解決する」には？

ここまで「ウォンツ、ニーズ、マジック！の原則」について、いくつか実例を紹介してきました。

この処方箋の最後にお話したいのは、もっとも肝心なこと。では「マジック」はどうやったら起こせるようになるのか？　というところです。

ウォンツとは何か、ニーズとは何か、マジックとは何かは、すでにご理解いただいていることと思います。これらの定義の違いを知って、「よし、ウォンツからニーズ、ニーズからマジックを探ればいいんだな！」と思っていただけたかもしれません。

でも、じつは、そう意識するだけでは、マジックにつながるミラクル・アウェアネスまでは辿り着けないのです。

では、どうしたらいいのでしょう。結論からいってしまうと、マジックを起こせるようになるには、自分自身が、「創造的自己」というものになる必要があります。

いきなり難しそうな言葉が登場して怯《ひる》んでしまったかもしれませんが、大丈夫です。この先を読んでいただければ、ストンと理解していただけるはずですから、安心して読み進めてください。


ここでキーワードとなるのは、「本音」と「本心」です。

まず、本音とは、自分の内側にある不安、恐れ、問題を抱え込むことからくる「エゴ」＝欲求から湧き上がってくるものです。

エゴとは、「自我」「自尊心」「利己」といった意味合いです。私たち全員が、すでに己の内側にエゴを持っており、そのエゴは「自分を安全に保ちたい」「より幸せに、より快適に」と、つねに心の奥底で叫んでいます。もともと人は「変化」と「安定」でいうと安定を選ぶ傾向がありますが、これもエゴの作用です。

そんなエゴから生まれる本音は、ときに自分の可能性を阻むノイズ（恐れ、不安、不可能、無理……など）として自らに声掛け、直面してきます。

変化することに対する恐れや不安、あるいは「不可能だ」「無理だ」といった自己否定感に苛まれるくらいなら、今のままの安定を選びたいというわけです。

このように本音とは、不安や恐怖を感じたときに、安心・安全を求めるという人間生来の欲求、つまり「自分を守らなくてはいけない」という防衛・生存本能から、つい口走ってしまうものです。きっと誰しも覚えのあることだと思います。

いっぽう、「本心」とは何でしょうか。

本心とは、いうなれば「自分は本当はこうなりたいんだ」「自分は本当は変わりたいんだ」という、もうひとつの正直な自分の声。自分の内側にある本当の声です。言い換えれば、ノイズを含まない「自分の本当の希望」です。見てのとおり、字面は似ていても、自分を守りたいがために安定を好むエゴを発生源とする本音とは、まったく違います。

では、その本心は、どうやったら見えてくるでしょうか。

まず必要なのは、前にもお話ししたコンフロント力、つまり自分に「意識」という矢を刺し、物事と直面する力です。ここでは、どんな出来事・物事とコンフロントするかというと、安定を選びがちな自身のエゴであり、ひいては、今、目の前にある現実です。

これらから逃げずにコンフロントし、本当は自分の内側でフツフツと湧いているはずの「自己成長したい」という変化への動機を「意識すること」を自分に意識させる。人は根源的に輝きたいという欲求をもっています。あなたは、どのように輝きたいでしょうか？ 考えてみてください。そうすることで、本音とは違う本心に気づくことができます。

さらに、コンフロントすると、今度は自分に対する理解と認識が深まり、自分を受け入られるようになります。コンフロントによって「自己理解」と「自己認識」、そして「自己受容」が起こり、自己一致感という自信が湧き出るということです。

理解と認識は、受容の元、といったらいいでしょうか。人は、「そうか、自分って、こ

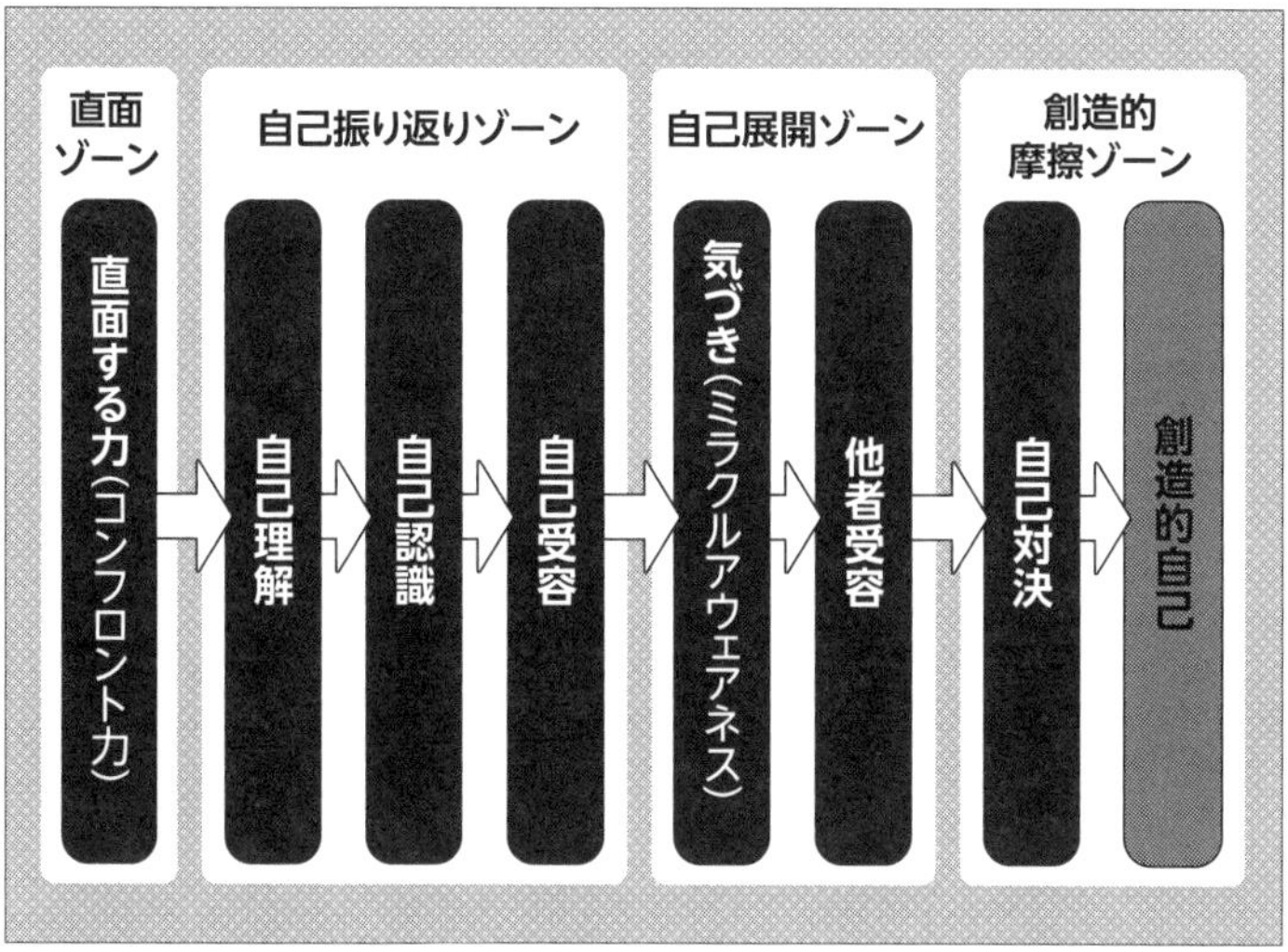

ういうところがあるんだな」「こんなふうに感じ、考えているんだな」と、自分で自分のことがわかるほどに、自分を受け入れていくものなのです。

そして、自分で自分を受け入れられるようになると、自分の外側のことについても、たくさん「気づき」を受け取れるようになります。そのなかで、おのずと他人を認める、他人を承認する、他人を許容するというふうに、他者のすべてを受け止めることもできるようになります。

このように、まず「自己受容」できるようになり、「他者受容」もできるようになると、行動力、リーダーシップ力、責任感、前向きな思考力、思いやる力などが、どんどん湧き上がってきます。

そして最終的には、自分と相手の本心を前向きに戦わせることで、「自己対決」（創造的摩擦）というゾーンに入り、自らが新たな価値を生み出したり、双方にとっていい方向に向かえるよう、自信を持って（自己一致感が高い状態で）自ら行動を起こしたりする――つまり、マジックを起こせる「創造的自己」になれるのです。

コンフロントし、本音とは違う自分の本心を見つけることで、このように、マジックを起こせる自分になれるというわけです。

本音と本心を聞き分ける

人間関係の最小単位は、自分との関係です。

たとえば、ついネガティブなことを考えたり、愚痴をこぼしたりしてしまう。あるいは感情的になって人に怒りをぶつけてしまう。人間ですから、それは仕方ありません。

でも、そこで「これは自分の本音だけど、本心はどうなんだろう？」と胸に手を当てて考え、自分のなかに隠れている本心を探ってみると、結果は大きく違ってきます。

もしかしたら、ネガティブ思考や愚痴の奥底には、より素晴らしい人生への渇望があるのかもしれないし、相手に対する怒りの奥底には、悲しみや期待があるのかもしれない。

このように、つねに自分の本心にアクセスできることが、ニーズを探り当てるということ。それが、自分の人生に、自分でマジックを起こすことにつながるのです。

そして先ほどもお話ししたように、自分を受け入れることができて初めて、他者のことも受け入れることができるようになります。

マジックは、相手の本音を聞くだけでは起こせません。マジックを起こしていくには、相手の本心を探り当てる必要があり、それには、まず自分の本心を探り当てる思考グセと、そうして成される自己受容と創造的自己の形成が不可欠なのです。

「ウォンツ、ニーズ、マジック！　の原則」は、相手の本心を汲み取り、自分の本心と交差させることで、より濃厚なコミュニケーションを可能にするための思考プロセス、と言い換えてもいいでしょう。

いかに多くの人が、大切な人との間ですら、表面的な言葉だけでコミュニケーションを取ってしまっていることか。自分のウォンツだけ、相手のウォンツだけを見て、ニーズま

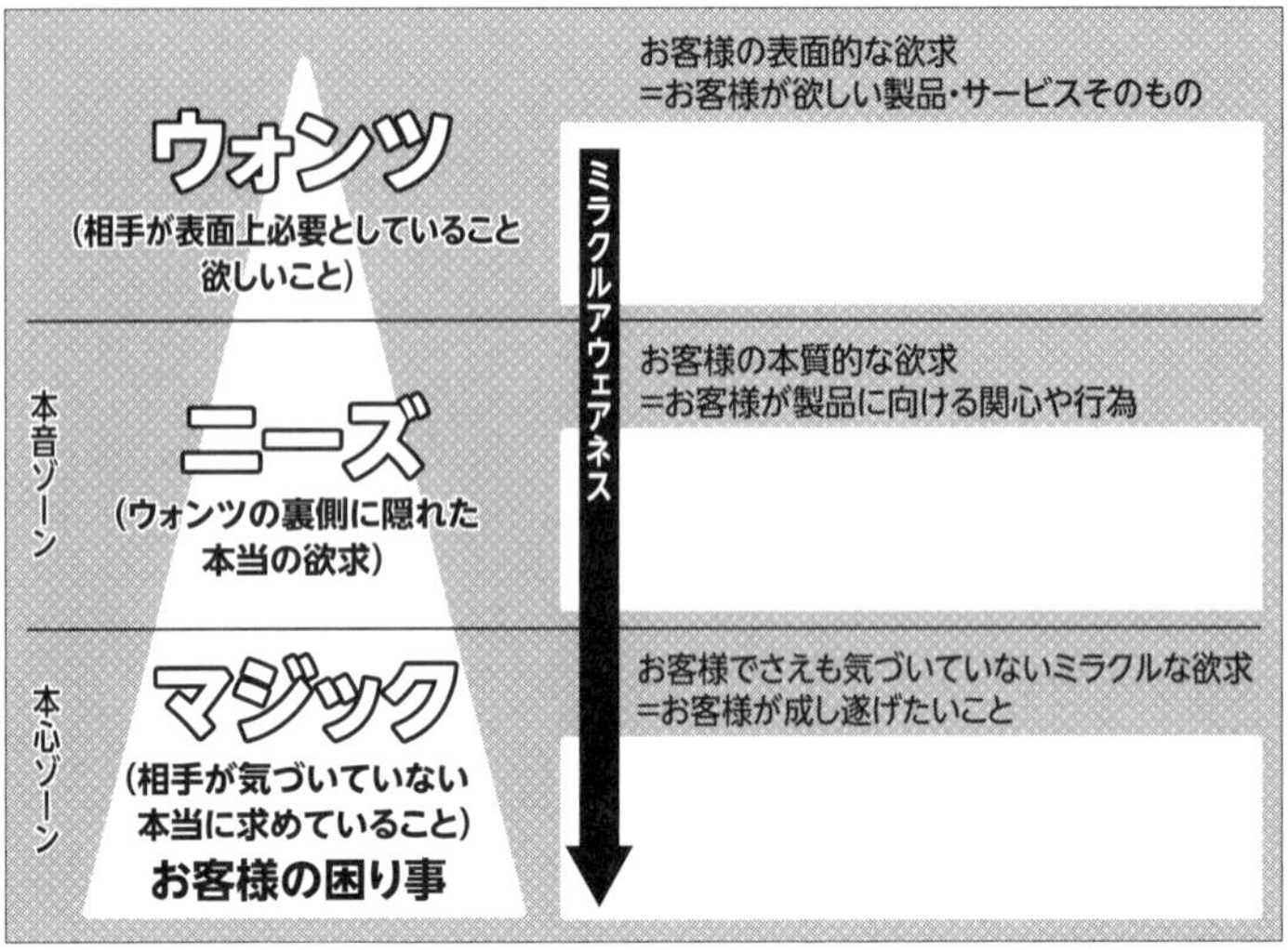

で見ていないから、コミュニケーションが希薄になってしまうのです。

ウォンツは、本音を表すものです。もちろん、ウォンツだってウソではないし、まずウォンツを自覚したり、相手から聞き出したりすることは重要です。ただ、それだけだと不十分です。

本音とは、「本当の音」。ウソではないとはいえ、先ほどもお話ししたように、そこには「ノイズ」という音も含まれている場合も多いものです。そんなノイズ混じりの本音ではなく本心はどうかといったら、じつは、まったく別のところにあるかもしれません。

たとえば、相手が「めんどくさいなあ」「もう嫌だなあ」などと愚痴をこぼしているとします。これらが相手の本音であることは、間違いありません。でも、その裏側には、「本当はもっと元気に働きたい」といった本心が隠れているかもしれません。

考えてみてください。「めんどくさいなあ」「もう嫌だなあ」という本音だけを受け取った場合と、本音の奥底に、どんな本心が隠れているんだろうと考えた場合とでは、あなたが次にとる行動は同じでしょうか。

おそらく、大きく違ってくるはずです。愚痴だけを受け取ったら、きっと傷の舐め合いになったり、愚痴にイラついたあなたが相手を怒ったりして終わるでしょう。「愚痴なんて聞きたくない」という自分の本音、ウォンツから、そうなってしまうのです。

これでは、悩んでいるだけで考えていない状態、つまり問題を抱え込んでいる状態に過ぎません。悩んでいても何も変わらないのであれば、ずっと苦しい状態が続くだけ。相手が抱えている悩みは、悩みのまま、解決されることなく放置されることになります。

でも、ひょっとしたら「本当は、この人の力になりたい」というのが、自分の本心かもしれません。そして、「本当は、この人の力になりたい」という自分の本心を知ったうえで、相手の本心まで汲み取ることができたら、「どうしたら、もっと元気に働けるか」を一緒に考えることになるはずです。

最初から汲み取れなかったとしても、「そうか、大変なんだね、それはわかった。本当はどうしたい？」と問いかけることで、本心の糸口をつかむことはできるでしょう。いずれにせよ、自分の本心と相手の本心を並べて交差させるというふうに、はるかに深くて有意義なコミュニケーションができるのです。

この時点で、相手が抱えている悩みは、ともに考え、取り組み、そして解決できる課題へと変わります。ほんのたとえ話ですが、本音と本心を聞き分けることで、これほど大きな結果の違いが生じるのです。

本音はわかっても、その奥底に隠れている本心にまでアクセスすることが、より深く充実した人間関係のためには欠かせません。

本音をウォンツ、本心をニーズと置き換えれば、「ウォンツ、ニーズ、マジック！　の原則」に従うことは、自分と相手の本心を探り、交差させることと同義といえるわけです。上司やお客様、大切な人たち……相手の本心を探り当て、それに対して、あなたが本心から起こす行動が、マジックになるのです。

3章

「行動」のクセを変える

強い者より、変化しつづけられる者が勝ち残る時代

感情が思考に影響し、行動、言葉へとつながっていく。この循環を、成果を生むようなポジティブなものとしていくには、まず思考にアプローチすることが必要だとお話ししてきました。

前章でお話しした、思考グセを変えるふたつの処方箋は、すべての土台です。思考が変わると、まず感情にフィードバックされ、その感情がさらに思考を変え、行動、言葉へとつながっていきます。

ちょっと大変に思えたかもしれませんが、いつだって自分の「あり方」と「ウォンツ、ニーズ、マジック！　の原則」に従って考える、という土台の思考グセをつくってしまえば、あとは自動反応で、すべてが好転していくと考えてかまいません。

というわけで、本章は、前章の内容を飲み込んでいただいたという前提で話を進めていきます。もし疑問や抵抗を感じることがあったら、お手数ですが、再度、前章を読んでいただくと、より効果が上がりやすくなるはずです。

もちろん、前章の内容を完璧に実践できるようにならないと、これ以降には進めない、というわけではありません。ただ、少なくとも前章の内容に「なるほどな」と納得していただいたうえで、この先を読み進めていただきたいのです。

現代は、不確実性の高い時代です。かつては、「絶対的な強さ」をもつ者が生き残りましたが、あらゆることが目まぐるしく変化しつづけるなかでは、強い者ではなく、変化しつづける者が生き残ります。変化は変化でも、ふさわしい変化です。

人は安定を求めるものです。できれば変化したくない。でも、変化することの恐怖を乗り越えて、ふさわしい変化をしていくこと、その鉄則を身につけた人こそが、圧倒的な質を持って成果を生み出し、公私を問わず「選ばれ続ける人」になっていくのです。

では、ふさわしい変化をつづけていくには、どうしたらいいのでしょう。そのための土台は、すでにできているはずです。そう、思考することです。

安定とは、言い換えればルーティンが固定している状態であり、思考停止につながりかねません。そして思考停止に陥ると、必要な変化を遂げられず、業績などが急降下するという危機を招く可能性も高くなります。そう考えてみると、はたして、この安定が「本当の安定」といえるのかどうか。かなり怪しいといったほうがいいでしょう。

つまり、人は、つねに考えることで、「現状に満足せずに、よりよい状況を見つけ出すために変化しつづける者」、ひいては「現実に変化を起こす者」になっていけるのです。

ここでもひとつ、例を挙げておきましょう。

世界に冠たる日本の一流メーカー企業です。

あるとき、得意先の企業から、ずっと受注してきた商品について「価格を20パーセント下がられないか」という要望が出されたといいます。そのメーカーの社員たちは、ぎょっとしました。すでにギリギリのところまで価格を下げていたからです。

ところが、この要望を社に持ち帰ったところ、社長は、こう指示したそうです。

「そうか、よかったじゃないか。じゃあ50パーセント下げた価格を提示しよう」

得意先から値下げ交渉をされたとき以上に、社員たちはショックを受けました。「社長は何を言っているのだろう……」、誰もがそう思ったとき、社長は、こう続けたといいます。

「たしかに、今のやり方で20パーセント下げたら、大赤字になって会社が潰れかねない。でも、20パーセント下げてほしいというのは、うちに対するお得意先の『期待』なんだ。だから製造ラインを根っこから見直し、50パーセント削減できる方法を見つけて提案しよう」

この言葉で、社員たちはがぜん奮起しました。そして本当に50パーセントも削減した価格を提案したのです。

社員たちの心に火をつけたのは、「無理難題は期待の現れ」という社長の考え方でした。その根底には、「チャンスはピンチの顔をしてやってくる」という捉え方があります。

社長の言葉によって、社員たちは、そんな社長の視座を共有できました。

だから、「指示されたから」ではなく「やることに意味がある」という認識をもって、この無理難題に立ち向かうことができたのです。実現できたのも、「言われたから渋々」ではなく、「自社のさらなる技術力向上、革新がそこにあるんだ！」というマジックに本当に納得したうえで取り組んだからでしょう。

もし、このメーカーが「今までどおり」という安定を守ろうとしていたら、20パーセント削減という限界を突破しようと動くことはなかったでしょう。そして、結果的には50パーセント削減という劇的な変化によって、いっそう業績をあげるという結果には、なっていなかったはずです。

限界は、人から設けられるのではありません。自分自身が、自分の限界を設けているのです。自分さえ変化しつづける覚悟を決めれば、いかなる限界を超えることも可能だということです。

感情がガソリン、思考がエンジンとなって「圧倒的な行動」が生まれる

前に、まず思考にアプローチすると、感情にフィードバックされ、その感情によって、さらに思考が強化されるとお話ししました。

車にたとえるならば、思考によって変化した感情はガソリンです。

そして、感情によってさらに強化される思考はエンジンです。

感情のガソリンが注がれ、思考のエンジンがキビキビと機能して、コミュニケーションレベルを劇的にあげたり、大きな成果につながったりする行動や言葉が生まれます。すると、周囲から感謝されたり、笑顔や評価を返してもらったりと、ポジティブな反応が得られ、それによって、いっそう自分の感情と思考が強化されます。

言い換えると、これは「腑に落ちる」ということ。まず理屈を納得し、それを実践した

ことで得られる、「これでいいんだ」「これからもこうしよう」という納得感です。

自分の行動によって、相手に喜んでもらえたという実感が、自分にとっての貴重な教訓となり、これからも同様にしていく自信と勇気につながる、そういってもいいでしょう。

そして、そんな好循環のなかでこそ、自分の限界を突破し、大きな成果を生むような行動や言葉が、より「当たり前のものとして可能になっていくというわけです。

ではこれから、感情と思考の好循環のなかで、どんな行動の変化が起こっていくのか、お話ししていきましょう。

「面倒臭い」が「当たり前」に変わる

行動のクセが自動的に変わるといっても、最初は少し努力が必要です。

でも、やがて、ある大きな変化が起こります。

それは、「面倒臭い」が「当たり前」に変わる、という変化です。

これから、いくつか身につけていただきたい行動のクセをお話しします。それは、おそらく多くの人が「そこまでやるの、面倒臭いな」と思うようなことです。

でも、前章の内容を前提とすれば、きっと「それは、やったほうがいいよね」「むしろ、やらない理由って何？」と思っていただけるはずです。だから、先ほどもいったように、私は、前章の内容を十分に飲み込んでいただいたという前提で、これからの話を進めていきたいのです。

まず、思考グセという、目に見えない、自分の内側にあるものにアプローチしてこそ、その思考グセを土台にして生まれる行動も言葉も、圧倒的な質になるというわけです。

世の中には、「納得できなくても、まず実践あるのみ」と説くビジネス書もあるでしょう。説いているほうに、「実践すれば成果が上がる」という自信があるほどに、「とにかくやってみてほしい」といいたくなるのはわかります。その言葉に背中を押される人が多いであろうことも想像に難くありません。

私自身、これまでの指導例からも、行動した先に得られる成果の大きさを知っているだけに、「まず実践」というのも、理解はできるのです。

でも、それだと、じつは意味がないといわねばなりません。

なぜなら、いくら理屈としては正しいことでも、「どうしてそうするのか」を心底、納得しないまま実践するのと、納得したうえで実践するのとでは、成果の出方に雲泥の差が出るからです。

最初に行動を変えるだけでも、おそらく一応は効果を実感できるでしょう。ただ、多くの場合、それは一時的、かつ限定的な効果で終わってしまいます。

つまり、納得していないことを実践しても、一定以上の効果は実感できない。そして効果を実感できないことを続けるほど、人は忍耐強くありません。土台に納得感がないと、せっかくの成果を生む行動グセも、習慣づく前にやめてしまうことになるのです。

たとえば、お寺で住職さんから「思いやりの大切さ」を説かれて「いい話を聞いた！」と思ったとしましょう。でも、お寺を一歩外に出たとたん、人を押しのけて歩くようでは、その話を聞いた意味は失われてしまいます。

「いい話を聞いた！」と思った。にもかかわらず、その内容を実践しないというのは、ただ一時的に場に酔っているだけです。この状態を私は「興奮」と呼んでいます。要するに「我がこと」として納得していなければ、その後の行動には反映されないのです。

それほど、人が行動すること、行動しつづけることにおいては、納得感が重要です。

我がこととして受け止めると、単なる興奮ではなく「感動」が生じます。まず自分自身と向き合い、その理解を体に落とし込むことで、自然と行動が湧き起こるのです。感動を、「感じて動くこと」と読み取れば、感動から行動が生まれるといってもいいでしょう。

感動こそが納得感であり、強いて考えなくても、自然と行動がともなっていく。そして、実際に行動したことの手応えを通じて、「やって当たり前のこと」として腑に落ちていく。それが理想形です。

もちろん、いきなりその域に達するのは難しいと思います。ですから最初は、前章の思考グセを「意識すること」を意識して、行動に移すことから始めましょう。

そのうち、成果を生む行動のクセが、自分のなかで「ごく当たり前のこと」になり、ほとんど意識しなくてもできるようになっていきます。成果を生む行動のクセは、こうして本当に自分のものとなっていくのです。

これからお話ししていくことを実践していくうちに、いつの間にか、自分のなかの「当たり前のレベル」が上がり、人から見たら「すごい」「そこまでできない」と思えるようなことを、ごく自然に、難なくできるようになっている自分に気づくことでしょう。

「ストーリー思考」で行動する

ではこれから、いくつか、成果を生む行動グセをお話ししていきましょう。

しつこいようですが、成果を生む行動グセのベースは、2章でお話しした思考グセです。この先を少し読んで、「は？　意味がわからない」「ええ〜、面倒臭いな……」などと思ったら、申し訳ないですが、2章に戻る。そして「よし、やってみよう」、あるいは「ちょっと大変そうだけど、やったほうがいいことはすごくわかる」くらいの気持ちになったら、先に進んでください。

まずおすすめしたいのは、「ストーリー思考」で行動する、ということ。

先にざっくり説明してしまうと、ストーリー思考とは、まず「いつ、何を、どれくらい達成していたいか」というゴールを設定したうえで、「今、ここ」の行動を決める、という行動グセです。たとえば1ヶ月後のゴールまでの「ストーリー」を先に思い描き、それに沿って日々、行動していくということです。

ストーリー思考だと、見据えているのは未来のゴールですが、あくまでも行動の焦点は「今、ここ」です。「ゴールに到達するには、『今、ここ』で、何をしたらいいか」という思考と行動を積み重ねていくのです。

その点で、よくある「月次決算思考」とは大きく異なります。

月次決算は、1ヶ月を振り返って、今後の対策を立てるというものです。

たとえば、過去1ヶ月の調子が芳しくなかったら、翌月はこうしてみよう。あるいは過去1ヶ月が絶好調だったら、やり方を変えずに続けていこう。一見、建設的に思えそうですが、こうした月次決算思考には、ある大きな落とし穴があります。

それは、振り返っている間に状況が変わっている場合も多い、ということ。

「過去1ヶ月は芳しくなかった。本当はこうすればよかったのではないか？」「じゃあ、来月は、そうしてみよう」という議論は、いってしまえば「後の祭り」に終わる可能性も大きいのです。

過去1ヶ月が絶好調だった場合も同様です。先月と今月とで状況が変わっていたら、先月のやり方が今月も通用するとは限りません。

確実に成果を見込んでいくには、わずかな変化にも対応できるような、細やかなアジャスト力が欠かせません。1ヶ月を振り返ってから、翌月の行動を決めるという月次決算思考では、それが難しいのです。

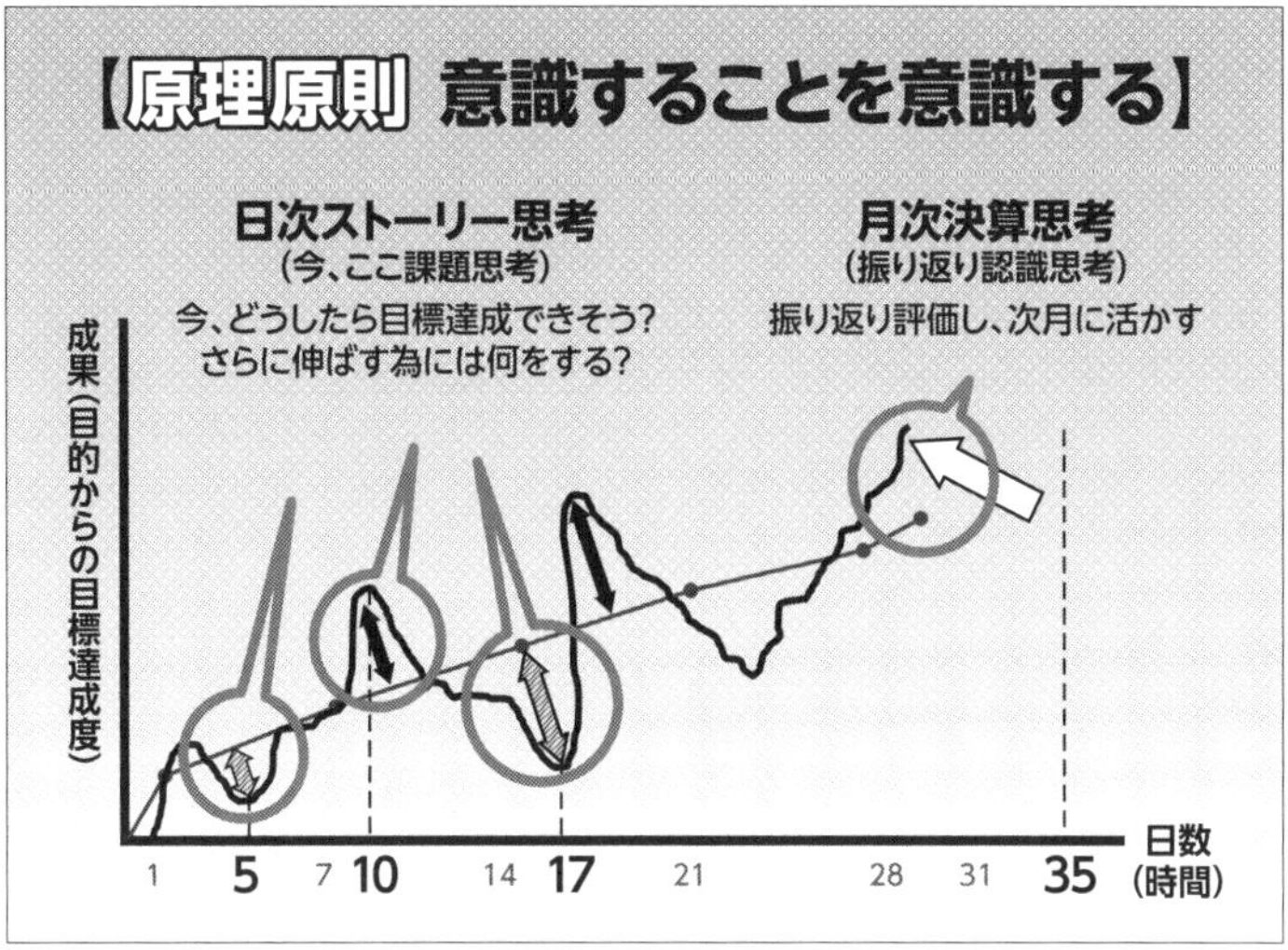

でも、ストーリー思考であれば、設定したゴールに向かって、「今、ここ」の行動を積み重ねていくことになるため、マメに調整を加えながら前進していけます。

過去1ヶ月を振り返って、1ヶ月先に新たにゴールを定めるのではなく、すでに設定したゴールに向かって、細やかに振り返りながら進むからこそ、「今、ここ」の行動を成果に結びつけていけるというわけです。

ストーリーを考える

では、そんなストーリー思考をどう組み立てたらいいか、説明していきましょう。

まず、ストーリーには、自分の納得感が

必要です。「なぜ、この期間で、このゴールを達成するのか」、そこに意味と価値を見出せなければ、ゴールに向かってがんばることなどできません。

では、その納得感の元になるものは、何か。ここでふたたび登場するのが、2章でお話しした「あり方」です。

私は、この仕事において、こうありたい。その「あり方」を貫くには、これくらいの期間で、これくらいのゴールを達成しなくてはいけない――。ストーリーとは、こうした自分の「あり方」から導き出されるものなのです。

その前提で、より具体的に定義づけると、ストーリーとは「ゴール×時間」です。

たとえば、「売り上げ1千万円（ゴール）を、1ヶ月（時間）で達成する」という具合に設定します。もちろん、ストーリーは1ヶ月という場合もあれば、1週間、あるいは1日という場合もありえます。いきなり1ヶ月のストーリーを考えるのは難しいかもしれないので、まず1日のストーリーを考えることから始めてみるのもいいでしょう。

ストーリーを考える際に意識していただきたいのは、「ロマン」と「そろばん」です。

ロマンは物語、そろばんは数字。つまり、「成果を上げたい」などという漠然とした目標ではなく、明確な数値目標（ゴール）を、期間（時間＝出来事の積み重ねられたもの）

とともに立てるということです。

現在地を知り、ギャップを埋めていく

ストーリーが決まったら、「今、ここ」で何をしたらいいのかを決める段階です。

それには「ギャップ」という観点が欠かせません。

「今日」の自分、あるいは「今」の自分と、「1ヶ月後」のゴール、あるいは「1日後」のゴールの間には、どれくらいのギャップがあるだろうか。

そのギャップを埋めるには、「今日1日」「この1時間」で、何をしたらいいだろうか。

そして「今日1日」「この1時間」でやったことは、計画どおりに、最終的なゴールとのギャップを減らしただろうか。つまり、長期ゴールとのギャップを埋めていくための中短期ゴールと、自分の現在地との間に、ギャップはないだろうか。

このように、日ごと、瞬間ごとに考えて行動します。「今、得たい結果は将来のよりよい成果（ゴール）につながっているのか」を実感しながら前進する、ということです。

現在地の自分が、中長期ゴールとのギャップを埋めてあまりあるのなら、そのままの調子で進めばいいでしょうし、計画どおりにギャップが埋まっていないのなら、もう少しピッ

チを上げなくてはいけないでしょう。

このように、つねに、自分の現在地をはっきりと自覚したうえで、現在地とゴールとのギャップを戦略的に減らしていくというのが、すなわち「今、ここ」でとるべき行動の指針になります。

ストーリー思考で行動するクセをつけると、長期的な視点と短中期的な視点を兼ね合わせて、物事を進められるようになるのです。

「ペースメーカー」にもなるストーリー思考

また、自分なりの物事の進め方のパターンが見えてくるというのも、ストーリー思考で行動するクセのメリットです。

着々と一定の歩幅で進んでゴールに到達する人。

最初に一気に進んで、あとはスローダウンしながらゴールに到達する人。

逆にスロースターターで、徐々にペースを上げてゴールに到達する人。

物事の進め方は人それぞれです。最終的にゴールに辿り着きさえすれば、どれがいい、どれが悪いという話ではありません。

ただ、問題は、自分のパターンがわかっておらず、たとえば、本当は最初に一気に進めるタイプなのに、なぜか今回は、一向にエンジンがかからない……という事態を把握できないことです。

ストーリー思考で行動するクセがあれば、自分の進め方のパターンと照らし合わせて、いいペースで進めているのか、このまま行くと期限内にゴールにたどり着けない危険があるのか、すぐにわかります。

もし、最初に一気に物事を進めるタイプなのに、一向にエンジンがかからなかったら、「あれ？　まずいな」というアラートが働くでしょう。そしてアラートが働けば、そこから何とかペースを挽回しようとがんばるはずです。

つまりストーリー思考で行動するクセをつけると、自分のいつものペースを守りながら、確実に期限内にゴールにたどり着けるようになるのです。

ストーリー思考が身につく「日記術」

最後に、プラスアルファのコツとして、ストーリー思考が身につきやすくなる方法をお話ししておきましょう。

その方法とは「日記をつけること」なのですが、一般的な日記とは、少し違います。何が違うのかというと、「今日やったこと」ではなく、「今日やること」を書くのです。過去ではなく、「すぐそこの未来」について書くということです。

ここでも「準備12割」の発想で、まず「設計図」が必要です。どういう設計図かというと、理想の自分に向かって1ヶ月後、2ヶ月後、3ヶ月後……という未来に、自分はどういう段階を踏んでいくか、という設計図です。

これは、山登りをしている感覚にも似ています。頂上というゴールに向かって、各合目に向かって確実に登っていくための準備を思い描く。つまり自分のストーリーの結末＝ゴールに向かう「粗すじ」「もくじ」「そこに行くための起こるべきポイント」を描くということです。

これを作っておくと、毎日、行き当たりばったりで行動することがなくなり、つねに結末を意識し、結末につながるような行動を考えるようになります。

毎日、日記に書く「今日やること」は確実にストーリーに沿ったものになるため、「今日はこれをやる」と決めたことを一つひとつ、きちんと遂行することで、ストーリーのゴール、つまり未来の理想の自分へと一歩一歩、着実に近づいていけるのです。

この設計図のフォーマットは、準備版「ロマン」を語る日記シートと清書版「ロマン」を語る日記シートの2部構成になっています。

まずは、準備版「ロマン」を語る日記シートから記入をはじめましょう。

このふたつのシートは6つのSTEPに分かれています。自分ではわからないところは上司にもヒアリングしながら、STEP1から順番に埋めていってください。

あなたの成功までのストーリーを可視化してみましょう。この設計図が出来上がるとすべてのこれから私たちがやるべきストーリーが見えてきて、ワクワクする自分と出会えるでしょう。

ロマンを語れる準備をしていきましょう。そして、出来上がったらみずからのロマンを支援をしてくれる周囲の皆さんに語り、インクルージョンチーム（目的を持って目標達成していくチームメンバー）を作り、夢の実現へ一歩を踏み出してください。

記入日　　年　月　日 → ロマン達成予定日　　年　月　日

[準備版]「ロマン」を語る日記シート ～ゴールを想い描くことから始める～

※自分自身のゴールに基づく、自分自身のロマンの可視化(具体的に定量・定性化された
ゴールに向かうまでのストーリー)し、各段階(年月)ごとに達成されたあるべき姿を想い描く

名前

STEP 3

自分が想い描くゴール:

STEP 1

ヶ月の状態

ヶ月の状態

ヶ月の状態

ヶ月の状態

ヶ月の状態

Roman's Story(Goal)
ゴールを達成するための
理想の状況(場創り=Goal)
理想の私の状態を叶えるため、私に関わるすべての人の状況、社会(環境)の状況が
すべて最適でなければなりません。
皆さんがより良い状況になる為の言葉、具体的な行動、職場の様子に置き換えると
どのような状況をそれは指しているでしょうか。各時間軸の段階にてロマン(Goal)を語りましょう。

STEP 2

ヶ月の状態

ヶ月の状態

ヶ月の状態

ヶ月の状態

ヶ月の状態

Self Roman's Story(Self-Growth)
上記のゴールを達成するストーリー(ロマン)をしっかりと一つひとつ乗り切るための
理想の私の状況(Self-Growth)
各時間軸の段階にて私自身が必要な能力(物事の見方・考え方・捉え方)、体験から導かれる経験、知識、
技術力(できること=習慣レベルにしておきたいこと)を
それぞれの段階(～カ月の状態)にて行動発揮している状態を可視化します
(能力があっても実践できてないものはNGです)
皆さんがより良い状況になるための言葉、具体的な行動、職場の様子に置き換えると
どのような状況をそれは指しているでしょうか。各時間軸の段階にてロマン(Goal)を語りましょう。

[清書版]「ロマン」を語る日記シート

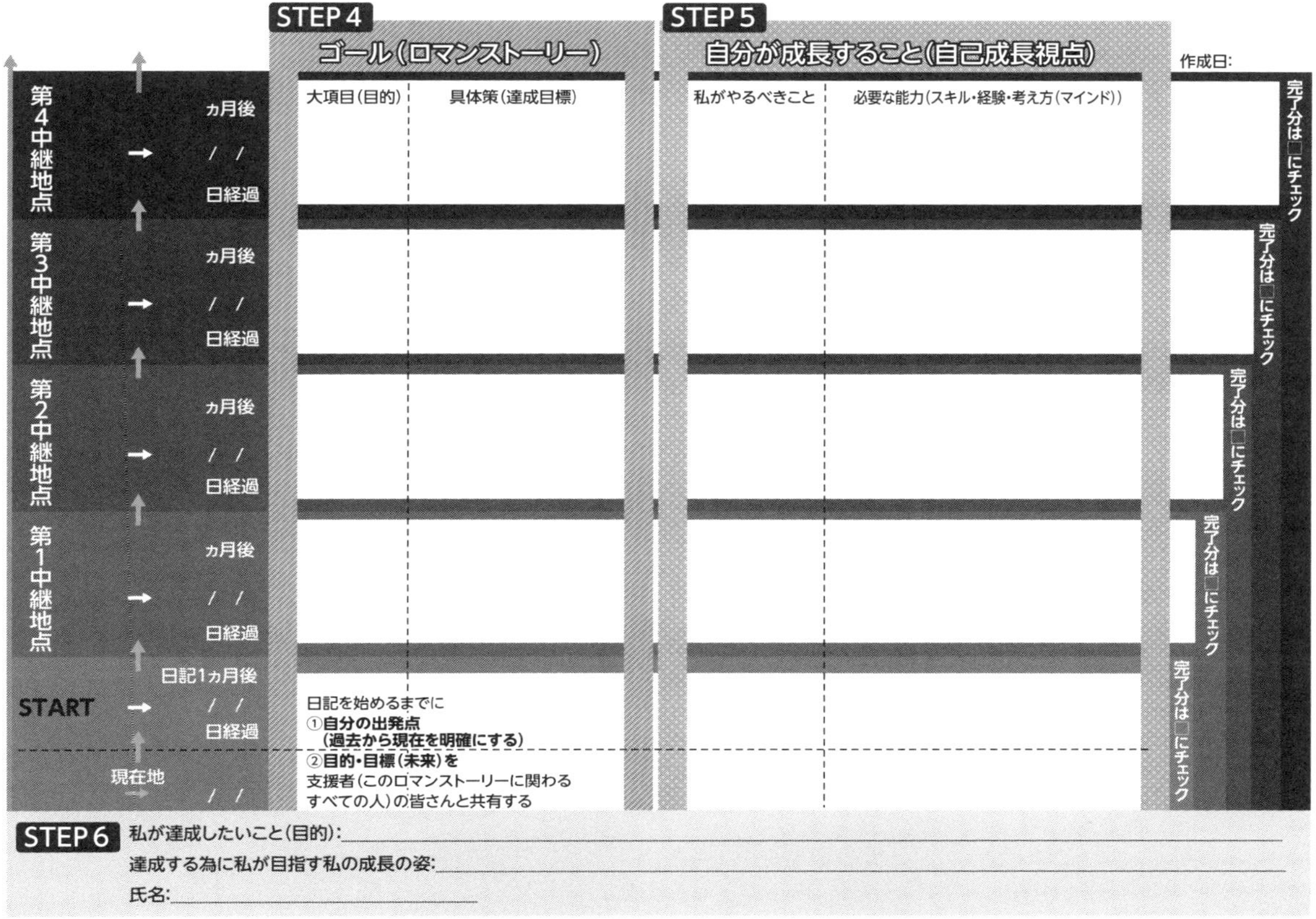

「マジカル4《フォー》」——今日、何を優先的にやるか？

ストーリー思考では、ゴールに向かって、「今、ここ」の行動を積み重ねていきます。

まず大事なのは、自分の「あり方」と「圧倒的な自らの基準」にのっとったストーリーを描くことですが、そのストーリーに沿った行動をどう組み立てるかも、同じくらい大事です。どれほど素敵なストーリーでも、そこに至る道のりに無理があれば、絵に描いた餅となってしまうからです。

前項で、まずは1日のストーリーから始めることをおすすめしました。いずれ1ヶ月のストーリーが描けるようになったら、ぜひ1日1日の行動は、「マジカル4《フォー》」という考え方で決めるようにしてみてください。

マジカル4とは、「その日にすることを4つだけ決める」というものです。

人間が一度に覚えられる事柄は、3〜4個といわれています。

たとえば郵便番号は7ケタ、電話番号は11ケタほどですが、なぜ覚えられるかというと、3〜4ケタごとにハイフンが入っているからです。この例からしても、人が一度に覚えられるのは3〜4つというのは、うなずける話ではないでしょうか。

さて、「今日すること」を4つ決める際に重要なのは、数字で測れる行動を設定することです。「お客様を喜ばせる」「真面目にやる」「がんばる」といった曖昧な設定では、達成できたかどうかがわかりません。

「そりゃそうだ」と思ったかもしれませんが、実際には、こうした曖昧な言葉を多用していませんか？　この曖昧さが、成果を生み出しにくくしていることに、多くの人が、ほとんど気づいていないように思えます。

だからこそ、今、ここで、数字で測れる行動を設定する、ということを頭に刻んでいただきたいのです。

数字を導くキーワードは、「何を、どのように？」です。

「お客様を喜ばせる」ではなく、「何をどのようにして、お客様を喜ばせるのか？」と考えると、たとえば「取引先にふたつ、新しい△△の提案書を出す」「○○の企画書をひとつ、何時何分までに仕上げる」ことによって、お客様の考えつかないようなマジックを提案する、というふうに行動を設定できます。

「真面目にやる」ではなく、「何をどのように真面目にやるのか？」と考えると、たとえば、「(自分は消極的な性格で、自分から発信するという課題があるから) 今日は会議で5回、自ら率先して発言する」「新規の営業電話を10本かける」を実践する、という行動を設定できます。

では、ここでひとつワークです。

「がんばる」というのは、現場でよく使われる言葉ですが、この曖昧さが、コミュニケーションギャップにつながります。「がんばる」ではなく、「何をどのようにどこまでがんばるのか?」と、今、挙げてきた例も参考にしながら、行動を設定してみてください。

さらに、それぞれの行動の「ウェイト」も設定するといいでしょう。4つの行動の合計を100としたら、25、25、25、25と均等にしてもいいですし、行動によっては40、20、15、15などと分けることもできます。

ウェイトとは、最初に定めたゴールへの「貢献度」です。現在地とゴールのギャップを埋めるには、「今日やる」と決めた行動のうち、どれがもっとも貢献度が高いだろうか。そんな観点から、行動の優先順位を決めるということです。

こうしておくと、「今日のうちにやらなくてはいけないこと」「明日以降でもいいけど、できれば今日のうちにやってしまいたいこと」を区別できます。

人は、放っておくと、得意な仕事、好きな仕事を優先しがちです。また、上司や取引先の人から「なるべく早くお願いね！」と言われたら、何も考えずに優先順位をトップにしてしまったり……あなたにも、そんな覚えはありませんか？

でも、苦手なこと、あまり好きではないことが先決、という場合も多いものです。人から「なるべく早くお願いね！」と言われても、それより先に何かを終わらせなくてはいけない場合も、あるでしょう。

つまり、これらは優先順位を見誤らせる「ノイズ」なのです。ウェイトを設定すると、こうしたノイズに惑わされることなく、やるべきことを、「本当にやるべきタイミング」で終わらせることができるようになります。タスクをウェイトで区別していれば、自分でやるべきことと、人に振っていいものの区別もつけやすくなるでしょう。

ウェイトの高いものから取り組めば、もう、「しまった、本当はこっちを先にやらなくてはいけなかったんだ！」と焦ることはありません。また、たとえ決めた4つを完遂できなくても、「ウェイト40と20で、60はできたからヨシとしよう」と考えて、あまり落ち込まずに、また新たな1日に向かえます。できなかったタスクは翌日以降に繰り越されるので、ナシになるわけではありません。でも、「最低限、その日にうちに終わらせなくてはいけないこと」ができれば、それでいいのです。

「全部できなかった」と落ち込んでいたら、感情に振り回されて、かえってペースが落ちかねません。今日のマストは完遂し、明日以降でいいことは、明日以降やる。こうした発想をもつことも、うまくいくコツなのです。

「本気スイッチ」を入れる法

会社員であれば、おそらく大半の人に、直属の上司がいると思います。

では、上司とは自分にとって、どんな存在でしょうか。「指示を与える存在」、「指導する存在」、「評価する存在」――どれも、そのとおりですが、もうひとつ、「自分と支援し合う存在」であるという認識を加えて、上司と関係を築いてみると、行動の質が圧倒的なまでに上がります。

というのも、「自分と支援し合う存在」として上司を見ると、仕事との向き合い方が、確実に成果を生み、上司からの評価も劇的に上がる向き合い方へと変化するのです。

「支援し合う存在」として築く関係を、ひと言で言い表すと「win-win」の関係です。

Winというと「勝つ」という意味が思い浮かぶと思いますが、「勝ち」の裏側には「負け」があります。これからお話ししたいのは、そんな「勝ち負け」の話ではありません。

winには、じつは「獲得する」「もたらす」「得る」といった意味もあります。ここでいうwinは、その意味合いであると考えてください。

たとえば、上司から仕事を指示されたときに、自分は何をwinするのか、そして、自分がその仕事をやり遂げることで、上司は何をwinするのか。これが、「自分と支援し合う存在」として上司を見る、ということです。

このように、指示された仕事を通じて、自分が知識経験や実力を獲得するだけでなく、上司にも獲得してもらう。たとえば、自分が知識経験を獲得して独り立ちすれば、上司は、より高度な仕事に専念できるという状態を獲得する、という具合です。そんな認識で仕事に向き合うと、仕事の質が、圧倒的なまでに高まるのです。

ここまで読んで、あることに気づいた人もいるのではないでしょうか。

「自分は何を獲得するのか」と同時に、「上司は何を獲得するのか」と考えてみる。これは、上司の「視座・視野・視点」で仕事をとらえるということです。つまり、2章でお話しした思考グセの処方箋が、ここでも効力を発揮するのです。

仕事を振った上司に対して、「いつも面倒な仕事ばかり押し付けて、ずるい」などと考えたとしたら、それは、上司の視座から仕事を捉えておらず、自分のwinも上司のwinも見えていないということ。これでは、不平不満を抱えながら仕事をすることになるため、当然、圧倒的な質など叶いません。

でも、上司の視座でとらえれば、「その仕事を通じて自分が獲得するもの」、そして「その仕事を自分にさせることで上司が獲得するもの」にまで考えが及びます。

自分と上司、双方のwinが見えるから、与えられた仕事の意味と価値を、いっそう深く、強く見出せるのです。すると、一気に「やる気スイッチ」がオンになります。その状態で取り組んだ仕事の質が高くなるというのは、いうまでもないでしょう。

最強のトレーニングツール――「マジカル4の実行協定」

自分のwinと上司のwinの両方を考えてみる。これを頭の中だけで考えるのではなく、紙に書き出しながら考えてみると、より確実です。というわけで、私が独自に作成したトレーニングツールを掲載しました。それが「マジカル4の実行協定」（169ページ）です。

シートのトップにある状況は現在の困りごとを明確にする欄になります。それに対して、「対象者とあなたの共通のwin」というゴールは、前に説明した「ストーリー思考」のゴールです。たとえば「今月は新規の契約を10本とる」といった、対象者（上司、または部下など）と自分の達成し得たい共通のゴールを、ここに書き込みます。

その下の「win」は、上司、または部下と自分に欄が分かれています。ここに記入するのは、共有ゴールに辿り着くために、上司は何を求めているのか（上司の得たいこと）、自分は何を求めているのか（私の得たいこと）。これが動機の源泉になります。そして、その下の欄には、今、述べたwinを得るために何をするか、という具体的行動が入ります。

このシートを確実に活かしていただくために、もう少し詳しく説明しておきましょう。ゴールは共有していても、そのためにとる行動は、上司と部下とで違って当然です。たとえば、「今月は新規の契約を10本とる」というゴールに向かって、部下の自分は新規顧客に出す提案書を作成する。

一方、上司としては、「今月は新規の契約を10本とる」という共通のゴールに向かうために、部下を「新規契約10本とれる人材」に育てたいところです。そこで、部下が提案書作成に取りかかれる時間を確保できるよう、周囲の環境を整えたり、部下が作った提案書をチェックし、直すべきところをフィードバックしたりする。

こんな具合です。

「新規の契約を10本とる」という共通のゴールのもとでは、提案書を作ること（つまり、作る能力をつけること）が、部下である自分にとってのwinであり、提案書をチェックしてフィードバックする（つまり、部下に提案書作成能力をつけさせること）が、上司のwinというわけです。

繰り返しになりますが、ここで重要なのは、上司の「視座」に立って仕事を捉えることです。そうでなくては、最低限、振られた仕事はできても、みずから仕事を生み出すことができないし、「自分の仕事を支援してくれる存在」としての上司の姿も、「上司の仕事を支援する存在」としての自分の姿も見えません。

つまり、2章でも少し触れた「上司の視座に立っていない自分は、上司と同じ視野、視点をもてない」という話です。この点に無自覚なままでは、自分の仕事の質は高まらず、上司との連携にもすき間が生じて、ゴールに到達できなくなってしまうでしょう。

さらに、win の下の欄は、４つに分かれています。

ここには、winに入れた行動を達成するための行動——たとえば、自分は「（提案書作

Magical4の実行協定

対象者（上司or部下）：＿＿＿＿＿＿＿＿とあなた自身

状況（今の困りごと）：＿＿＿＿＿＿＿＿＿＿＿＿＿＿＿＿

実現したいGOAL（=共通のwin）：＿＿＿＿＿＿＿＿＿＿＿＿

対象者のwin	あなたのwin

あなたが創り出したい望む4つの結果

いつまでに何を達成するのか？（手段を決めるのではない）

望む4つの結果（ゴール）（何をどうする？ 得たい状態とは？）	達成期限（いつまでに？）	重要度ウェイト（優先度は？ 貢献度合いとは？）

ゴールデンスタンダードとは？

望む結果を達成するときに守るべき圧倒的な基準（規則、方針、考え方、在り方とは？）

自らをサポートしてくれるものとは？

望む結果を達成するために使える人財（人脈）、資金、技術、知識（ノウハウ）、組織のサポートなど

1on1面談：報告義務とは？

結果を支援する方法とは？支援する時期は？また、それはどの頻度で行いますか？

支援方法：＿＿＿＿＿＿＿＿

支援時期：＿＿＿＿＿＿＿＿

支援頻度（回数）：＿＿＿＿＿＿＿＿

結果（履行、不履行）の状態とは？

履行された場合 達成度合い、貢献度合い、結果としてどうなりますか？（結果は自分ができることが条件です）

協定が満足な形で実行されなかった場合の結果はどのようになりますか？ （ゴールから想定する）何が、実行を妨げそうなのでしょうか。妨げる恐れのあるものを事前に解消することができるとするならば、どのようなやり方が効果的ですか？

成に必要な）データ集計をする」、上司は「（部下が提案書作成に取りかかれる環境を整えるために）別件の仕事をほかの部下に振る」といった、より細かい1日の行動が入ります。前にお話しした「マジカル4」が入るイメージです。

この「マジカル4の実行協定」を書くクセをつければ、確実に、「部下の高さの視座」しかない部下から、「上司の高さの視座」も併せ持った部下になれます。

最初は、上司に確認しながらシートを埋めるようにしてください。それだけでも、たいていの上司は「おっ！　こいつはできるな」となるはずです。そしてシートを媒介として、上司とコミュニケーションを深めるほどに、上司の視座に立てるようになっていきます。

そういう意味では、「マジカル4の実行協定」は、上司の視座から仕事を捉えるトレーニングシートともいえます。このトレーニングを通じて、いずれは、強いて意識したり、シートを記入したりせずとも、つねに上司の視座で仕事を捉え、圧倒的な質で仕事をこなせる人材へと大成長を遂げていけるでしょう。

「知的思考」と「物的思考」のバランスをとる

さて、ここまでストーリー思考の何たるかと、それを確実に実行していくための日記術、マジカル4、そしてマジカル4の実行協定などについてお話ししてきました。

ここで重要なのは、考えておしまい、書いておしまいにしないことです。考え、書いたからには実際に行動に移すこと。そうでなくては、今までの労力はすべて無駄になってしまいます。

仕事を着実に進めていくには、「知的思考」と「物的思考」の両方が必要です。

知的思考は、準備を整えたり、段取りをつけたりする思考。本章は行動グセを変えるための章ですが、今までお話ししてきたことは、実際の行動に移す前段階として必要なこと、いわば行動グセを変えるための圧倒的準備としての思考といえます。

「事前の一策は事後の百策に勝る」という言葉があります。

突如として何かが起こるたびに、行き当たりばったりで対処する「事後の一策」は、何度やっても自己の成長がありません。そればかりか、つねに事後の一策に終始している人には、同じような問題が繰り返し起こります。だから事後の一策は、100回積み重ねようとも同じところをグルグルと回っているだけ。101回目も102回目も結局は同じで、何者にもなれません。

その点、「事前の一策」はまったく違います。事後の一策のような対症療法ではなく、事前の一策は思考、行動の様式を根本から変えるものです。だから、何事が起こっても即座にふさわしい行動をとることができます。こうして事前の一策、つまり圧倒的準備としての知的思考が、あとあと絶対的に効いてくるというわけです。

一方、物的思考は、行動に向けて考えたことを、「よし、やるか」と実際に行動に移すための思考です。これらのバランスがとれたときに、大きな成果を生み出すような行動へとつながります。

家を建てることをイメージすると、わかりやすいかもしれません。

家を建てるためには、まず何が必要でしょうか。設計図が必要です。綿密に設計図を描かなくては、どんな資材や道具を揃え、どんな段取りで家を建てたらいいか、計画が定まりません。これが、知的思考です。

では、綿密に設計図を描いたとしましょう。設計図に沿って資材や道具を準備し、あらかじめ決めた段取りで家を建てていく。これが物的思考です。

このふたつのどちらが強すぎても、家づくりは失敗に終わってしまいます。

設計図を描いては消し、描いては消し、描いては消し……と考えてばかりでは、一向に段取りがつかず、家も建ちません。かといって、見切り発車で資材や道具を買いそろえ、設計図もないのに家を建て始めたら、資材は余ったり足りなかったりするわ、土台は整わないわ、柱は傾くわ……と、とんでもないことになってしまうでしょう。

極端な例を出しましたが、知的思考に偏るのも、物的思考に偏るのも、意外と陥りがちな落とし穴なのです。

たとえば、「準備ができたらやる」「まだ準備ができていないから、やらない」と、しょっちゅう口にしていませんか。同じ案件について、何度も打ち合わせを重ねている割に、実現に向けて動き出す気配がない、そんな覚えはないでしょうか。

これは、知的思考に偏っているということです。一応、考えてはいるけれど、考えたことを実行に移すための段取りまでは、できていない。言い換えれば、前にお話しした「ストーリー思考」ができているようで、最後まではストーリーを描けていない。だから、行動に移すことができないわけです。

もちろん、逆パターンもあります。「とりあえず、やってみるか」とばかりに、大した

あなたは、1日の内どちらの思考で時間を使っていますか？

知的思考	物的思考
例）Magical4の実行協定の「望む4つの結果（ゴール）」欄から知的思考のものを下記に記入	例）Magical4の実行協定の「望む4つの結果（ゴール）」欄から物的思考のものを下記に記入
•	•
•	•
•	•
•	•
•	•
•	•
•	•
•	•

POINT: 知的思考と物的思考はバランスよく存在しないと成功には導かれません。
より良い知的思考から考えられた物的思考の順番が最適解を導き出します！

計画も立てずに行動した結果、大失敗――
そんな覚えのある人もいるでしょう。

これは物的思考に偏っているということです。最初からストーリーを描かずに行動してしまっているか、せっかく描いたストーリーから逸脱し、とにかく行動することに興奮を覚える「行動マニア」のようになってしまっている状態です。

大事なのは、やはり知的思考と物的思考のバランスなのです。ちゃんと考えて、しかるべき計画を立てたら、確実に実行していく。この両輪がそろって初めて、大きな成果につながる行動が生まれます。

自分自身を振り返って、考えてばかりで実行に移せないことが多いと思ったら、ちゃんと段取りがつくところまで、ストーリーを完結させることを意識してください。

逆に、見切り発車で行動することが多いと思ったら、行動に移す前に、しっかり考えを煮詰め、ストーリーを描くことを意識してください。もしストーリーから逸脱しがちなのであれば、行動する前に必ず立ち止まって、「どんなストーリーを描いた？」「ゴールは何だった？」と振り返るようにするといいでしょう。

「いいとき」ほど振り返ったほうがいい理由

仕事に浮き沈みはつきものです。

そのなかでも、成果を上げつづけるためには、振り返りも必要です。では、いつ、何を振り返ったらいいでしょうか。じつは、大きな成功をおさめている人ほど、「調子がいいとき」に振り返っているものなのです。

ことの切実度でいうと、調子が悪いときのほうが、断然、高いでしょう。調子が悪いときの危機感は誰もが実感しやすく、切迫感もあります。

だから多くの人は、調子が悪いときほど、「どうしてうまくいかないのか」「何がいけないのか」を振り返ろうとする。それは人情として理解できます。

調子が悪い状態を放置すれば、さらに下降するだけでしょうから、振り返りがまったく必要ないとはいいません。だからといって、調子がいいときは何も考えなくていいかというと、それは断じて違います。「なぜ調子がいいのか」を具体的に振り返らず、「ま、この調子でいいか」なんて曖昧に流してしまうのは、大きな宝の持ち腐れなのです。

その理由は、振り返った効果を比べてみれば、わかるはずです。

調子が悪いというのは、いわば「マイナス」の状態です。そこで「何が悪かったのか」と振り返ったときに何が起こるかというと、悪かった点を直すこと。つまり仕事の進め方などの「改善」です。

そして、改善によって得られるものは、「マイナスからプラマイゼロへの変化」に過ぎません。とはいえ、変化の幅だけを見れば、たしかに引き上がってはいるので、「ああ、よかった」と安心しがちです。本当ならプラスにもっていかなくてはいけないのに、そうする前に満足してしまう可能性が高いのです。

一方、調子がいいときに振り返ると、何が起こるでしょうか。調子がいいときは、「すでにプラス」という状態ですから、振り返りによって起こる変化は、マイナスからプラマイゼロへの変化ではありません。

「何がよかったのか」と振り返ると、じつは「ノウハウ」が作られるのです。

つまり、調子がいいときに振り返るごとに、「こうしたらうまくいく」という具体的に皆がわかる形、成功法則が蓄積していくということ。現時点で「すでにプラス」なのですから、振り返ることで得られる効果は、自然と「プラスから、さらなるプラスへの変化」となり、現場の皆に浸透するでしょう。

悪かった点を直すだけの「改善」には、残念ながら、プラスに転じさせるほどの効力はありません。だから、調子が悪いときには欲張らず、まずプラマイゼロに持っていくことに注力する。そして調子が上がってきたときこそが、本腰を入れて振り返るべきタイミングです。

よくも悪くも想定どおり！　この「想定」ということを、どれくらい自分自身が、そしてチームメンバー全員が「想定内」にできるかどうか。ここが「想定外」のままだから、多くの場合、人は不安になったり、自信をなくしたりして、結局、成果が出ないのではないでしょうか。

どのような現在地でも、その状況が自分自身やチームの想定内であれば、必ず自分もチームも自己浄化の方向へ進んでいくことができるのです。だから、すべての想定外を想定内に変えていく、そのための準備を、行動から経験として身に着けていきたいものです。

「想定外」を「想定内」に変える

ここまで、2章の思考グセに基づく行動グセについてお話ししてきました。

ストーリー思考で行動する、「マジカル4」を設定する、調子がいいときほど振り返ってノウハウ化する、win-winシートを活用する……。本章でお話ししたことは、すべて、2章でお話ししたふたつの処方箋に紐付いています。

もし、どう紐付いているのかが見えなくなってしまったら、2章をもう一度読んでください。2章への理解が深まれば深まるほど、本章でお話ししたことを「やってみて当然のこと」と納得したうえで、実践できるようになるはずです。

さて、本章の最後にもうひとつ、あなたの仕事の質を、圧倒的に高める行動グセについてお話ししたいと思います。

でも、その前に、ひとつ、エピソードをお話しさせてください。

私を育てていただいたテーマパークには、とても人気で行列の絶えないジェットコースタータイプのライドアトラクションがいくつかあります。

行列をつくるゲストたちは、ジェットコースターが大好きな方ばかり。担当のキャストは、もちろん順番にご案内するわけですが、そんななか、あることを要望するゲストも少なくありません。さて、その要望とは、どんなものだと思いますか。

ジェットコースターに動力が加わるのは、最初の走り出しだけです。一定のところまで動かしたら、あとは、コースターそのものの重さと、乗っている人たちの重さで、レールを走り抜けます。こういう構造上、ジェットコースターのスリルがもっとも高まるのは、遠心力が一番かかる後部座席です。

そのため、「一番後ろの席に乗りたい」とおっしゃるゲストも少なくないのです。

といっても、順番に案内されていたら、乗れる座席は、ほぼ運任せです。では、こうした要望に、アトラクション担当のキャストは何と答えるでしょうか。

「申し訳ありません、順番にご案内しておりますので、ご希望に添えない場合はご容赦ください」などと説明して、諦めてもらうでしょうか。いいえ、この対応では、ゲストは納得してくださるかもしれませんが、「ゲストにハピネスを提供する」という「あり方」が崩れてしまいます。

「一番後ろの席に乗りたい」――そうゲストから言われたら、キャストはこう答えます。「もちろんです！　次のライドでご案内しますので、こちらで少々お待ちください」

そして、お客様には行列からいったん外れていただくのです。これは、「ゲストにハピネスを提供する」ためのノウハウとして、キャストに周知徹底されています。

そもそも、「ジェットコースタータイプのライドアトラクションに並ぶゲストは、ジェットコースターが大好き」というのは最初からわかっていることです。

では、ジェットコースター好きの人は、何を求めると考えられるでしょう。つまり、お客様の立場になって考えを深めてみると、「一番スリルが味わえる後部座席に乗りたがるお客様も多いはずだ」とわかります。ここまでわかれば、「じゃあ、その想定される状況になったら、どうするか？」を考えることもできます。

あくまでも順番どおりに案内するという、ごく一般的なマニュアルだけで考えれば、「後部座席に乗りたい」というお客様が現れるというのは、「想定外」の出来事です。でも、相手の立場から考えてみると、想定外が「想定内」に変わります。

だから、「ゲストにハピネスを提供する」という「あり方」の下で「相手の立場に立ってみずから行動する」というクセが行き届いている現場キャストは、「後部座席に乗りたい」という要望を叶える対応が、当たり前のこととして行き渡っているのです。

「ワン・ビッグ・チャンス」をつかむ

想定外を想定内にすると、行動の質が圧倒的に高まる。そのひとつとしてテーマパークの事例を見ていただきましたが、本当にお伝えしたいことは、これからです。

想定外を想定内にすると、なぜ行動の質が圧倒的に高まるかというと、前項でもお話ししたとおり、「その場合はどうするか？」と策を練ることができるからです。

すると、ほかにはない価値を生み出すことができます。現場キャストが「後部座席に乗りたいというゲストも多いはず。その場合は、「どうするか？」と考え、ゲストの要望を叶える対応法をノウハウ化できたように。

他にとっては想定外のことにこそ、大きなチャンスが隠れているのです。

では、どうやったら想定外を想定内にし、策を練ることができるでしょう。

そこでおすすめしたいのが、「1対29対300」の法則で考え、行動することです。「ハインリッヒの法則」というのを聞いたことはあるでしょうか。これは安全衛生トレーニングで習う労働災害の法則で、「1つの重大事故の背後には29の軽い事故があり、その背景には300の異常がある」というものです。

起こってしまった重大事故は1つだったとしても、じつは、数多の兆しがあったはず。だから、いくつもの軽い事故や、さらに数多の異常を見逃さないことが、1つの重大事故を防ぐためには重要。そんな教訓として、ハインリッヒの法則は用いられています。

なぜ、こんな話をしているのかというと、これは、仕事の質を圧倒的に高め、チャンスをつかむ行動グセにも、そのまま当てはまるからなのです。次のように。

「1つの、『圧倒的な質をもって、お客様がWow!という感嘆の声を挙げるようなチャン

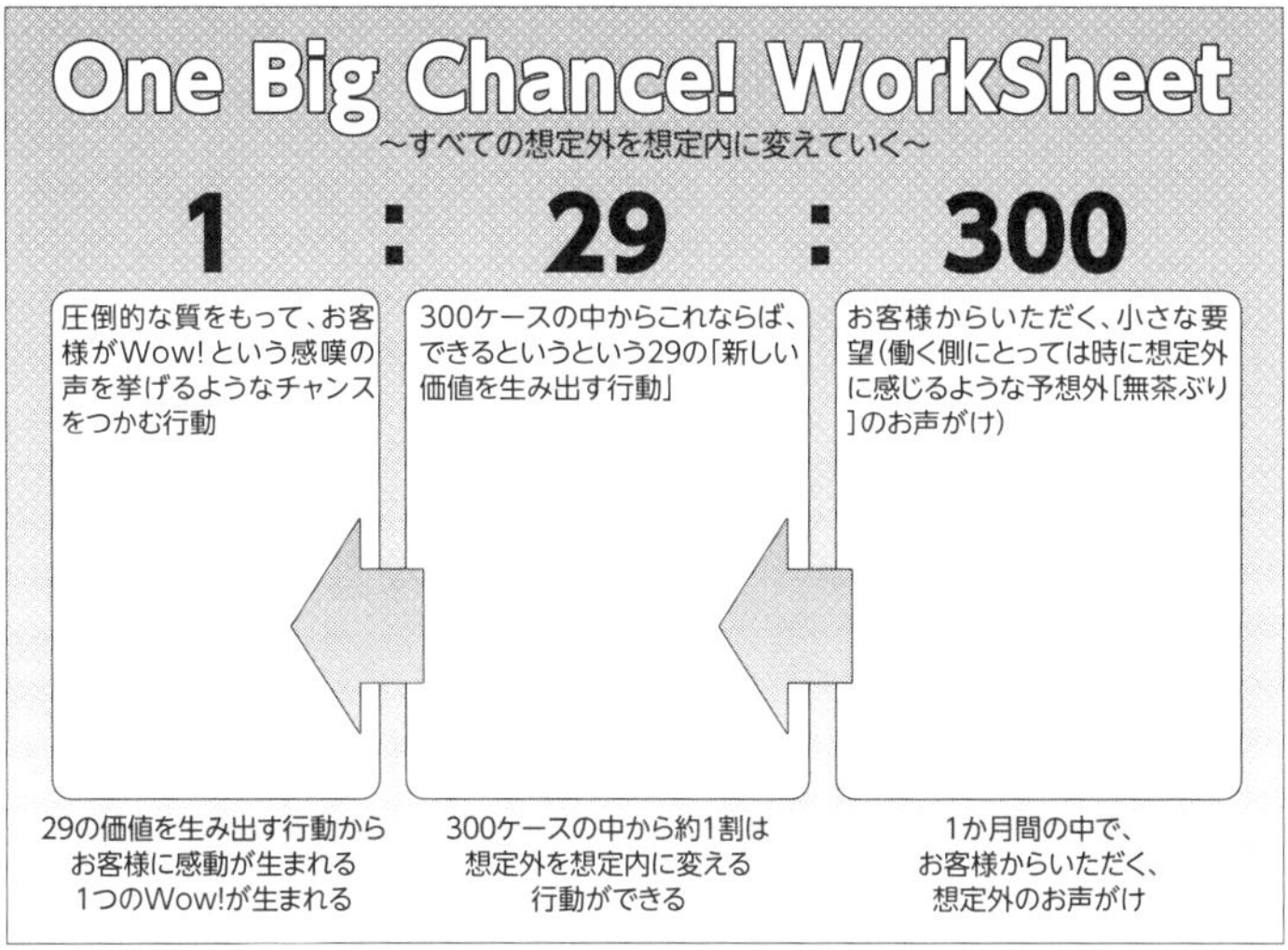

スをつかむ行動』の背後には、29の『新しい行動』があり、さらにその背景には、300もの『小さな要望＝働く側にとっては、ときに想定外に感じる、相手からの何気ないひと言、ご要望』がある」

これは、順序を変えたほうが、わかりやすいかもしれません。

「300の『小さな要望＝働く側にとっては、ときに想定外に感じる、相手からの何気ないひと言、ご要望』に気づくと、29個の『新しい行動』が生まれ、その29個のなかから、1つの、『圧倒的な質をもって、お客様がWow!という感嘆の声を挙げるようなチャンスをつかむ行動』が生まれる」

そう考えてみると、どうでしょう。

たとえば、上司がふと漏らした小さな要望。お客様がふと漏らした小さな要望。すべてが、チャンスのタネです。それを見過ごさず、「そうか、そんなニーズがあるんだ」と思えたときが、1つの大きなチャンスをつかむ第一歩です。

もちろん、そうした小さな要望は、相手だって叶うとは期待していません。「ちょっと言ってみただけ」「ふと口をついて出ただけ」、そういうものがほとんどでしょう。だから、要望に応えなくても、とくに叱られたり、評判が下がったりするわけではありません。

でも、そこで「まあ、いいか」と受け流すか、「じゃあ、こうしてみよう」と向き合うかが、大きな分かれ道です。「ふと漏らした」程度の小さな要望に、地道に応えつづけることで、1つの大きなチャンスをものにすることができるのです。

この発想をもつと、当然、小さな要望に応えずにはいられなくなります。やることは確実に増えていくでしょう。でも、ここまでの内容を飲み込んでいただいたのなら、きっと「イヤだな」「面倒だな」とは思わないはずです。

300の要望に気づくことで、以前は想定外だったものを想定内とする。そこで対策を練り、29の新しい行動を生んでいくと、圧倒的な質をもった1つの行動が生まれる。その行動によって、相手から絶大なる信頼や感謝を勝ち取るという、大きなチャンスをものにできるというわけです。

ぜひ、この「1対29対300」で考えて行動するクセも取り入れて、いっそう価値ある唯一無二の人材へと、大成長を遂げていってください。

4章

「言葉」のクセを変える

言葉の意味と価値を「伝える」

感情のクセがすべてを決めている、というところから、まずアプローチすべき思考のクセ、さらに行動のクセと話を進めてきました。ここまでくれば、あとひと息です。

本章は言葉のクセに関する章ですが、先に種明かししてしまうと、がんばって言葉のクセを「変える」必要はありません。

なぜなら、思考のクセを変えることで感情のクセが変わり、さらに思考のクセの強化を経て行動のクセが変わると、言葉のクセは、自然に「変わってしまう」ものだからです。

つまり「変える必要がない」というのは、「今までのままでいい」ということではなく、放っておいても変わるはずだから、「強いて変えなくていい」という意味なのです。

ただ、これでは話が終わってしまうし、言葉に関して何も示さないというのも、ちょっと無責任ですね。今までの話を踏まえたうえで、言葉を発する際には何が大切か、どんなふうに言葉は「変わってしまう」ものなのか、お話ししておきましょう。

言葉のコミュニケーションにおいて、もっとも大切なのは、同じ言葉でも、人によって微妙に意味は異なるということです。誰もが同じ意味合いで発している言葉など、世の中にひとつとしてない、といっても過言ではありません。

だからこそ、普段のコミュニケーションを、より深く通じ合えるものとするには、つねに「この言葉を、相手はどういう意味に受け取るだろうか」「この言葉を、相手はどういう意味で言っているのか」と考えてみること。

つまり、ここでも、相手の立場に立つこと＝相手の「視座、視野、視点」を意識することが欠かせないのです。言葉においても、やはり土台は思考グセなのです。

言葉を発する側としては、一方的に言葉を発するだけだと、相手に十分に理解されず、イライラさせてしまう原因となることも多いでしょう。そこで「どうしてわからないんだ」「○○と言ったじゃないか」といっても、何の解決にもなりません。

自分の意図が伝わりきらなかったのは、相手の理解力が低いからではなく、自分と相手とで言葉の意味合いが違うからです。となれば、言葉を発する側に必要なのは何でしょう。その違いを乗り越えて、相手に自分の意図を伝えきる努力ではないでしょうか。

相手はどういう意味で受け取るだろうか。そんな思考も働かせつつ、自分は、どういう意味で言っているのかを説明することが、まず必要なのです。

たとえば、ひと言、「健全なチームを作りましょう」と言っても、どんなチームを作ればいいのか、人それぞれイメージは違って当然です。もし、そのままチームが走り出してしまったら、遅かれ早かれ、「健全なチーム」に対する認識の相違が、不協和音の元となるでしょう。

自分が意図する「健全なチーム」を作っていくには、まず、自分の言う「健全さ」とは何か、から説明しなくてはいけません。自分が発している言葉の意味と価値は何かを、言葉を尽くして伝える必要があるということです。

この過程で、言葉に対する「共通理解」と「共通認識」が作られます。

共通理解とは、その言葉の裏側にある意味づけのこと。共通認識とは、共通の「考える拠り所」をもって、共通の価値基準＝「判断のモノサシ」を得ている状態です。

こうして、共通理解と共通認識のふたつがそろって初めて、チーム内で共有できる「共通言語」（自分たちが言葉として同じ表現で言っていること）が作られます。

すると、チーム内の誰もが、その共通言語に従って行動するという「共通言動」（意味、価値を意識した上での具体的言動）が生まれます。共通言動とは、言葉の意味づけ、価値基準の上に成り立つ「言葉」と「行動」ですから、自分たちが叶えたいことを叶えるための行動、表現したいことを表現するための「言葉」と「行動」ができるようになるということです。

言葉は耳に聞こえるもの、行動は目に見えるものであり、人は、どうしても、その「耳に聞こえる」「目に見える」という明瞭性にすがりたくなります。

だから、耳当たりのいい言葉から成るスローガンや、「こういうときは、こうする」というマニュアル行動に引っ張られがちです。

ただし、明瞭なのは「耳に聞こえる」「目に見える」という点だけであって、その言葉のもとで、何を、どれくらいやればいいのかは、じつは共通理解、共通認識、共通言語、そして共通言動が作られるまでは、まったく明瞭ではありません。

言語や行動とは反対に、理解や認識は目に見えにくいものですが、この目に見えない状況は、「Know How」という状態です。これは、自分が伝える側であるときに、自分は「どうやるのかを知っている」ということ。自分の頭のなかにあるだけで、誰の目にも見えない、耳にも聞こえないのが、「Know How」です。

それを「Show How」、つまり「どうやるのか、やってみせる」こと。表層的ではない

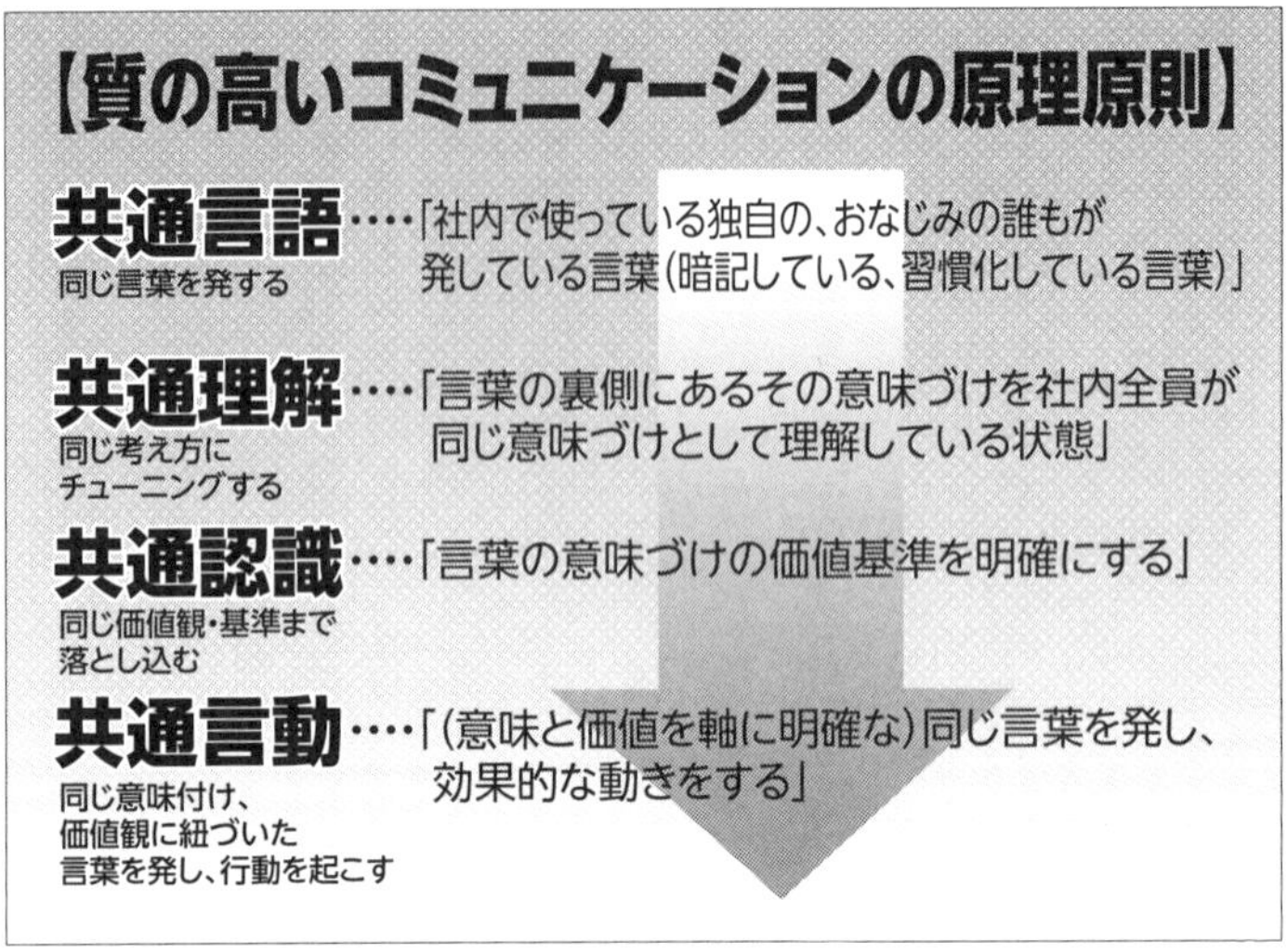
【質の高いコミュニケーションの原理原則】
共通言語
同じ言葉を発する
……「社内で使っている独自の、おなじみの誰もが発している言葉（暗記している、習慣化している言葉）」
共通理解
同じ考え方にチューニングする
……「言葉の裏側にあるその意味づけを社内全員が同じ意味づけとして理解している状態」
共通認識
同じ価値観・基準まで落とし込む
……「言葉の意味づけの価値基準を明確にする」
共通言動
同じ意味付け、価値観に紐づいた言葉を発し、行動を起こす
……「（意味と価値を軸に明確な）同じ言葉を発し、効果的な動きをする」

本当の意味で、自分の内側にある意味や価値を目に見える形、耳に聞こえる形で表現することが、全員に浸透させていくためのポイントです。

これらのプロセスを突き詰めて初めて、全員が、同じ「視座、視野、視点」をもって行動する圧倒的な基準、ゴールデンスタンダードというものが出来上がっていくのです。

言葉の意味と価値を「つかむ」

では視点を反転させて、今度は、言葉を受け取る側で考えてみましょう。

チームリーダーが「健全なチームを作ろう」と言ったら、どう考え、行動したらいいでしょうか。

二つ返事で「承知しました」といえば、その瞬間は、飲み込みの早いチームメンバーだと思われるでしょう。でも、チームリーダーをはじめ、ほかのチームメンバーたちと自分とでは、「健全なチーム」の意味するところは違うはずです。

そこで考えるべきなのは、「リーダーは、どういう意味で『健全なチーム』と言っているんだろう？」ということです。本当にリーダーが望むチームを作るには、リーダーが発している言葉の意味と価値は何だろうかと、まず考えてみる必要があるのです。

そう考えると、自然に「健全なチームとは、どういうことでしょう。こういうことでよろしいですか？」と共通言語を探り、そこから共通認識、共通言語、共通言動を生んでいくという行動になるはずです。

このように、言葉を受け取る側に立った場合も、共通言動が生まれるように働きかけることはできるのです。

チームワークを例に挙げましたが、共通言語を作る重要性は、仕事だろうとプライベートだろうと、1対複数だろうと1対1だろうと、まったく変わりません。

たとえば、上司から仕事を振られたとします。上司に言われたとおりにやれば、とりあえず及第点はもらえるでしょう。ただ、もう一段上のレベルを目指すなら、ここでは「作業」と「仕事」を区別してほしいと思います。

上司に言われたとおりにするのは、単なる作業です。では、仕事とは何でしょう。

まず、指示されたことを上司の視座から捉えたら、どんな景色が見えるのかを考える。そこで考えたことを上司に伝え、フィードバックを得ることで、上司の意図を完全に理解する。このすべてを経てから取り組めば、それは作業ではなく、仕事になります。

どちらが圧倒的な質になるかは、いうまでもないでしょう。単に上司の言葉を表層的に受け取るのではなく、そこに込められた意味と価値までつかんだうえでするのが、圧倒的な質でやり遂げる、本当の意味での仕事なのです。

普段の言葉遣いが変わる

言葉グセといっても、問われているのは「何を言うか」そのものではありません。

表面的に、「いい言葉」を発するようにしても、心の底は、自分では気づかないうちに周囲に伝わるものです。心のこもった言葉は上滑りし、何も効果を生まないどころか、「うまいこと言って」という反感すら招きかねません。

心がこもっている言葉とは、感情と思考の裏付けがある言葉です。つまり、問われているのは「どんな感情」「どんな思考」から言葉を発するか。思考グセが変わると感情グセが変わり、さらに思考グセが強化される、そのうえで発せられる言葉こそが、本当に人の心に届く力をもつのです。

繰り返しになりますが、この点は、何度でもお伝えしておきたいと思います。

2章でお話ししたふたつの処方箋――「あり方」と「ウォンツ、ニーズ、マジック！の原則」に従って考えるクセが身についたら、言葉グセも、自然と、コミュニケーションレベルが上がることを含め、大きな成果を生むものへと変わっていきます。成果を生む思考グセが、成果を生む言葉を生む。これは前章でお話しした行動グセのメカニズムと、まったく変わりません。

これから、成果を生む言葉グセと、逆に成果を遠ざけてしまう言葉グセを、ざっと紹介していきます。

ただし以上の理由から、くれぐれも「この言葉さえ言えば成果が上がる」「この言葉さえ言わなければ成果を遠ざけずに済む」とは受け取らないでください。

成果を生む言葉が自然に出るようになっていたら、2章でお話しした思考グセが本当に身についたということ。逆に、まだまだ成果を遠ざける言葉が出ているようだったら、2章でお話しした思考グセが十分に身についていないということ。というように、「自分の現在地」を知るためのバロメーターとして、考えていただければ幸いです。

では、具体的に言葉グセを見ていきましょう。

「できない」と言わなくなる

成果を生む思考グセが身につくと、まず「できません」「無理です」「知りません」などと言わなくなります。代わりに「もちろんです」「やらせてください」「喜んで」などと言うようになるでしょう。

思考グセが変わり、相手の「視座・視野・視点」をもって、相手の言葉の意味と価値を理解できるようになると、相手の要望や指示などを拒否する言葉は、自然と出なくなるのです。

私を育てていただいたテーマパークの現場でも、合言葉は「もちろんです！」「はい、イエス、喜んで」です。

マニュアルとして「言わされている」のではありません。キャスト全員が、「ゲストにハピネスを提供する」というキャストたちの「あり方」の意味と価値を理解しているから、「真心を込めて言える」のです。現場が、しばしば過去最高益を達成するのも、そんな心からの言葉がゲストに伝わっているからでしょう。

といっても、できないと思ったことや、やり方がわからないこと、相手の真意が見えないことを「やります！」なんて安請け合いするようになるわけではありません。

「やります」という言葉は、相手の「視座、視野、視点」をもつという思考の土台に支えられています。

だから、やり方がわからないことは、どうやったらできるか聞くし、相手の真意が見えなければ、見えるまで聞いて理解する。そのうえでの「もちろんです」「やらせてください」「喜んで」なのです。その点が、すぐに「やります」と言う割に実行力に乏しい、「やるやる詐欺」に陥りがちな人とは決定的に違います。

「限界言葉」がなくなる

また、成果を生む思考グセが身についていると、ゴールから逆算して「今、ここ」でやるべきことを見極める「ストーリー思考」が働くため、「とりあえず」「ぼちぼち」「まあまあ」といった曖昧な言葉も出なくなるはずです。

これは、つねに相手の「視座、視野、視点」をもって物事を考えたうえで、自分がやっていることに確信をもち、着実に成果を生んでいく、そんな思考や行動ができているサインといっていいでしょう。

「とりあえず」「ぼちぼち」「まあまあ」などの言葉は、自分に限界を設ける言葉でもあります。

「とりあえず」「ぼちぼち」「まあまあ」と言って始めたことが、圧倒的な質で成し遂げられる可能性は、極めて低いでしょう。でも、それは自分の能力のせいではなく、そうした言葉を生んでいる思考グセのせいです。

成果を遠ざける思考グセ、そこから生まれる言葉グセによって、無自覚のうちに、自分で自分に限界を設けてしまっているのです。そう考えてみると、「とりあえず」「ぼちぼち」「まあまあ」が出なくなるのは、限界突破力が身につきつつあるサインともいえます。

感情に任せて言葉を発しなくなる

思考グセが変わると、感情に任せて言葉を発することも、なくなっていきます。なぜなら、ほかと同様、やはり相手の「視座、視野、視点」をもつという土台の上で考えられるようになるからです。

相手が何か、自分にとって腹立たしいことをしたとしても、「ちょっと待てよ、相手はどういうつもりだったんだろう？」と、思いを馳せることができる。それと同時に、「自分が本当に伝えたいことは何だろう？」と、ひと呼吸おいて考えることもできる。このふたつの思考の働きで、「刺激→即反応」で感情的な物言いをしなくなるというわけです。

ネガティブワードがポジティブワードに変わる

挙げだしたらキリがないのですが、総じて、ネガティブワードがなくなり、ポジティブワードが増えていきます。

たとえば、「イヤだな」「面倒臭いな」「でも」「だって」「どうせ」「ダメ」などではなく「ありがたいな」「がんばりたいな」といった言葉が出るようになる、という変化も起こるでしょう。諦めたり、途中で投げ出したりするための言い訳の言葉が、積極的に行動して成し遂げる言葉に変わっていくということです。

他者を理解し、受容する言葉が増える

さらには、一方的に「ねばならない」「こうするべきだ」などと言っていたのが、「そういう見方（やり方、考え方）もあるよね」などと言うようになる、というのも、成果を生む思考グセが身についたサイン。これは、相手の「視座、視野、視点」を意識することで、自分とは違う見方、やり方、考え方に対する理解力と受容力が高まるためです。

まだまだありますが、この辺でやめておきましょう。

いかがでしょうか。成果を生む思考グセから生まれる言葉グセは、周囲とのコミュニケーションレベルを劇的に上げながら、確実な成果につなげるパワーになるということを、ここで感じ取っていただけたら幸いです。

言葉を「行動のトリガー」にできる

言葉は、人間だけが獲得したコミュニケーションツールですが、言葉によって、もっとも影響を受けるのは、じつは自分自身です。

日ごろ、自分自身に聞かせている言葉が、自分の人格形成につながっているといっても過言ではありません。たとえば、諦めやすい、物事をすぐに投げ出す、自信がない、何事も前向きに取り組む、必ずやり遂げる……すべて、日ごろ発している言葉によって決まるともいえるのです。

前項で、成果を生む思考グセによって変化する言葉グセの例を、ざっと紹介しました。

そこでもお伝えしたように、自分の言葉グセを振り返ってみるのは、自分の現在地の確認のためです。成果を生む言葉の数々が、はたして自然と出るようになっているかどうか。

それによって、成果を生む思考グセの身につき加減を測れるということです。

一方、これからお話ししたいのは、より「攻め」の姿勢で、言葉によって自分を動かそう、ということ。自分の言葉を、もっとも身近に聞いているのは自分自身という性質を利用して、自分が発する言葉を「行動のトリガー」にすることもできるのです。

もちろん、ベースに思考グセがあるという大原則は、ここでも変わりません。言っている自分自身が、その言葉の意味と価値を理解していなければ、言葉は単なる無力な音の羅列です。いくら行動のトリガーになる言葉を発しても、虚しく響くだけでしょう。思考グセの裏付けがあってこそ、自分や人を動かし、ひいては現実をも変えていく力が言葉に宿るのです。

では実際に、どんな言葉が行動のトリガーとなるのか、紹介していきましょう。

まず、前項で紹介した「もちろんです」「やらせてください」「喜んで」などは、自分の行動のトリガーになる言葉の筆頭です。「できません」と言わなくなる代わりに、自分を突き動かす言葉グセが出るようになるというわけです。

また、ときには、とても嫌なこと、困難なことに襲われることもあるでしょう。そこでは、こんなふうに問いかけてみてください。

「神様、私はこの状況で何を学べと言われているのでしょうか」

「神様」と聞いて、ちょっと違和感を抱いた方もいらっしゃるかもしれませんが、ここでいう「神様」とは、じつは、自分自身の「あり方」です。自分のなかに、「あり方」という神様がいてこそ、人は感情に振り回されず、ブレずに考え、行動し、言葉を発することができるのです。

自分が定めた「あり方」を貫くならば、困難な状況に見舞われたときに、どう行動するべきか。逃げずに直面するために、自分自身の中心にある「あり方」に問いかけるのだと考えてみてください。

困難に見舞われたら、誰だって、いったんはネガティブ感情を抱くものです。嫌でたまらない、逃げたくてたまらない。でも、逃げたら、また同じような状況に襲われるというのが、この世の摂理です。ネガティブな感情に振り回されて、ネガティブな思考、行動、言葉に陥っていると、また似たような状況を招いてしまうのです。

だから、どんなに嫌でも怖くても、その状況に直面し、乗り越えることが、今後のためにも得策です。そのトリガーになるのが、「神様、私はこの状況で何を学べと言われているのでしょうか」という問いなのです。

困難に見舞われたときに逃げたくなるというのは、「刺激↓即反応」です。つまり、感情が「あり方」を凌駕する瞬間です。

ここで本当に必要なのは、感情が「あり方」を凌駕するのではなく、「あり方」からく

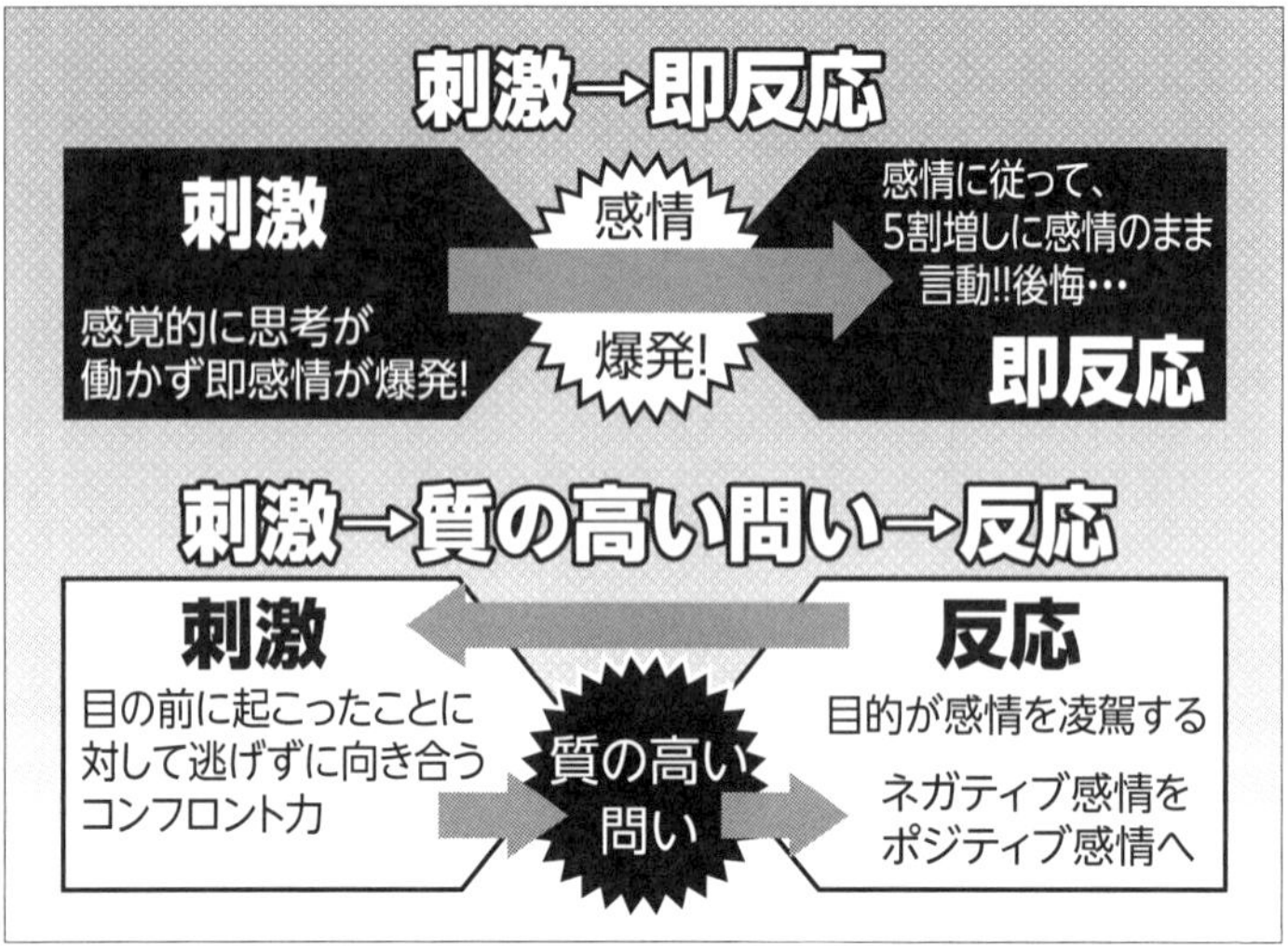

る圧倒的なやり方（行動や言葉）によって、感情が凌駕されるようにすること。

「神様、私はこの状況で何を学べと言われているのでしょうか」と問いかけるのは、言葉によって困難な状況に自分を直面させ、乗り越えさせる、そんな「コンフロント力（直面力）」を高めるためなのです。

このように問いかければ、いったん冷静になり、どう乗り越えるかを考えるモードになれるはずです。ここで、「刺激→即反応」ではなく、「刺激→質の高い問い（をもってコンフロントする）→反応」という方程式が成り立ちます。

この質の高い問いという「間」が、とても大切です。この問いを持ち、自らに向き合い、振り返る時間が、自分を健全で、よりよい方向へと前進させるのです。こうして「前進させる」ということを、私は「フィードフォワード（前に押し出す）」と呼んでいます。

前にもお話ししたように、感情はガソリンです。

そういう意味では、この質の高い問いは、ネガティブ感情というガソリンをポジティブ感情というガソリンに変え、ネガティブ行動が走り出してしまいそうになるときに、ポジティブ行動へと自分を導くきっかけとなるもの、といってもいいでしょう。

そしてもちろん、言葉には、人を動かす力もあります。

自分がどういう言葉を発するかで、人の動き方は大きく変わります。

言葉だけが上滑りして、まったく相手に届かず、相手を動かすことができない言葉。これは「滑る言葉」です。

一方、「残る言葉」というのもあります。偉人たちの名言は、なぜ、時代を隔てた今なお、私たちの心を動かすのでしょう。それは、偉人たちが言葉の重みというものを理解し、その意味と価値を、しっかり私たちに伝えてくれているからです。

たとえば、ウォルト・ディズニーが残した「人に想像力がある限り、ディズニーランドは永遠に完成しない」という言葉。

これは、「人間の想像力は無限大であり、人に想像力がある限り、ディズニーが提供できるハピネスも無限大だ（だから永遠に完成しない）」ということを示しています。

キャストたちにとっては、「つねに想像力を働かせて、相手の立場に立ち（この本で紹介しているメソッドに直して表現すると＝ウォンツやニーズを考え）、自分から行動し、より多くのハピネス（この本で紹介しているメソッドに直して表現にすると＝マジック）を生み出す場にしていこう」という気にさせられる言葉なのです。

「滑る言葉」と「残る言葉」には、これほどの影響力の差があります。

言葉の意味と価値を理解すると、自然と言葉の扱いが丁寧になります。たとえば一方的に「これやって」と言うのではなく、相手がどんな「視座、視野、視点」で物事を捉えているのかを想像したうえで、言葉を尽くして自分の真意を説明するようになるはずです。

そうしてこそ、自分の言葉は、相手を動かす力をもちます。相手の心に刻まれ、その後も相手の行動の指針となるような、「残る言葉」にもなるでしょう。

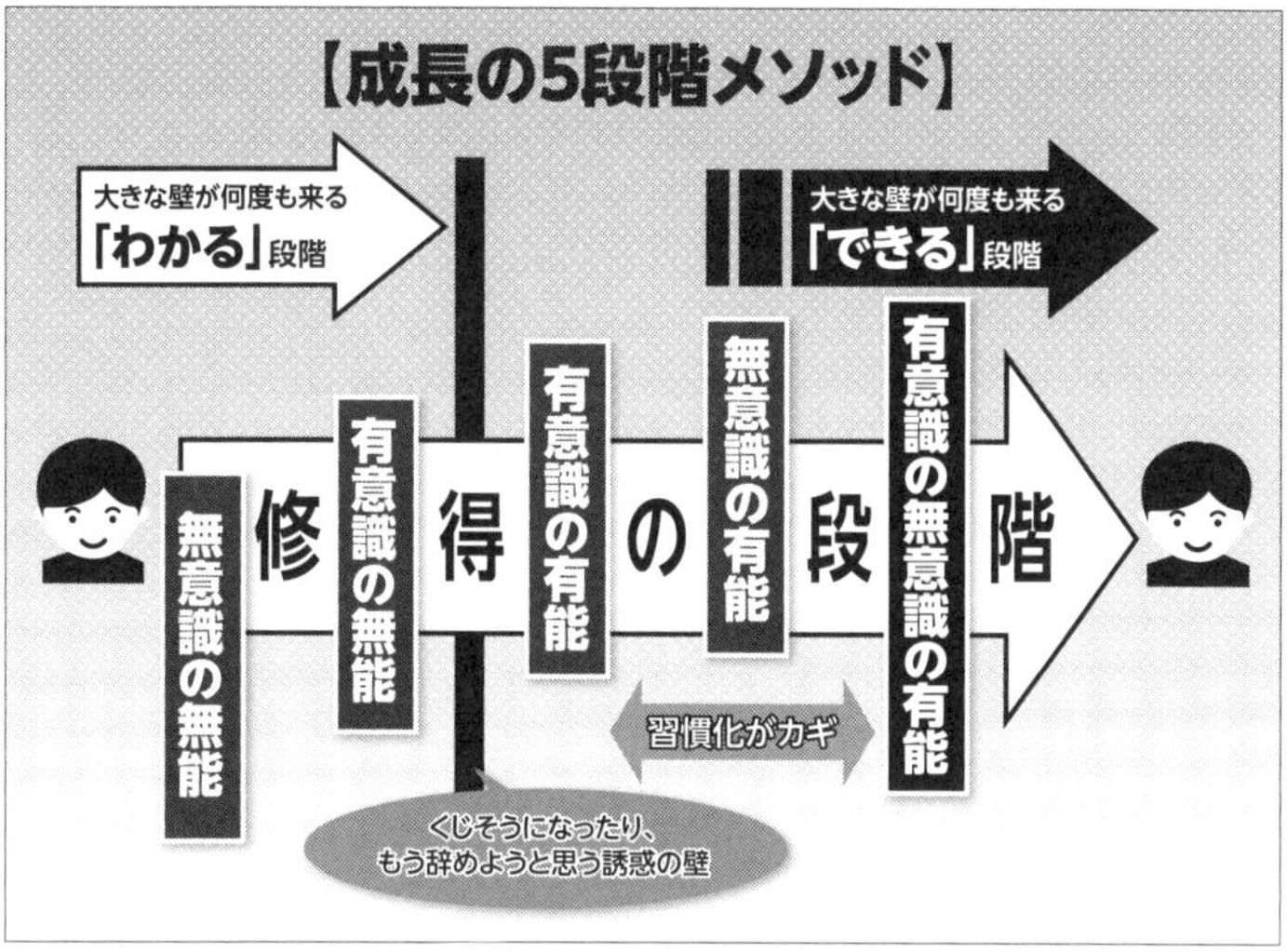

人の成長は5段階

もし、人を指導したり評価したりする立場にあるのなら、思考グセが身につくことで、人にかける言葉にも変化が現れるでしょう。

人の成長は、大きく5段階に分かれています。

最初の段階は「無意識の無能」。やる気はあっても、まだやり方がわからない、という状態です。仕事でいえば、入社したての新入社員です。

ふたつめの段階は、「有意識の無能」。やり方は教わったけれど、まだ自分ではできない、という状態です。業種、業界にもよりますが、入社半年くらい経った社員が一般的にはだいたいここに当たるでしょうか。

たとえていえば、「自転車に乗りたい！」と思っても、乗り方がわからないというのが「無意識の無能」、お父さんやお母さんに乗り方を教わっても、うまくバランスが取れなかったりして、まだ乗れないというのが「有意識の無能」です。

でも、練習を重ねれば、まだ危なっかしいながらも、乗れるようになっていきます。それが3つめの段階、「有意識の有能」です。まだ体に染み付いてはいないけれど、バランスなどをすごく意識すれば、フラフラしていても何とか乗れるという状態です。仕事でいえば、入社1年目の終わりから2年目に入ったくらいの社員といったところでしょう。

そして4つめ段階は「無意識の有能」です。これは、もはや自転車を漕ぐことを意識などしなくてもスイスイと、ほかのことを考えながらでも乗れるという状態です。

入社3年目にもなれば、ひととおり仕事の流れは飲み込んでいるでしょう。トラブルなど不測の事態では上司の力を借りることがあっても、基本的には自分一人で仕事を回せる。これが「無意識の有能」の状態です。

その後に、いよいよ最後の段階、「有意識の無意識の有能」が訪れます。これは、いかに自分は自転車に乗れるようになったのかを、言葉で説明できる状態。こうなると、自分が乗りこなすだけではなく、人に乗り方を教えることもできます。

仕事でいえば、「有意識の無意識の有能」は、マネージャークラスが達している段階です。自分の仕事を滞りなくこなせるだけでなく、教えや助けを必要としている社員を、的確に導くことができるということです。

人への言葉がけが変わる

なぜ、成長の5段階の説明をしたかというと、相手の成長段階によって、かけるべき言葉が変わってくるからです。

たとえば、やり方をひととおり飲み込んで、調子よく仕事をしている人に「有意識の有能」の人に「いいね！」と言えば、相手はおそらく、そのまま好調に仕事ができるでしょう。

でも、まだやり方すら知らない「無意識の無能」の人に、「いいね！」なんて言ったら、相手を路頭に迷わせるだけです。相手のほうは「いいね！」と言われても、何が「いいね！」なのかわからず、混乱を招く危険が高いということです。

同じ言葉でも、相手の成長段階によって、まったく違う作用をもたらすのです。ともすれば、相手の意欲や自信を削ぎ、退職を決断させてしまう……といった事態にもなりかねません。

では、仮に自分が人を指導する立場にあるとして、相手の成長の段階によって、どのように言葉を使い分けたらいいでしょう。今の自分の成長段階を踏まえて、次を考えてみてください。

これも、もちろん、相手の「視座・視野・視点」を考えるという思考の土台が整って初めて、可能になることです。

たとえば、「無意識の無能」の人は、まだ一人では何もできない状態です。自分のことしか考えていないと、そういう存在を疎ましく、腹立たしく思うかもしれませんが、相手の立場になってみれば、まったく見え方が変わってくるでしょう。

相手は、まだ何も知らない真っさらな状態で、何か見えない力に導かれるようにして、今、ここにいる。そう考えてみたら、相手の存在を疎ましく、腹立たしく思うどころか、相手に対する感謝や使命感が、自然と湧き上がってくるはずです。そのなかで当然、かける言葉も変わってくるというわけです。

まず考えるべきは、相手は、どの成長の段階にあるのか――。

もし「無意識の無能」だとしたら、丁寧に仕事を教えつつ、ごく簡単なことでも、できたら「そうそう。そういうこと！　よくわかったね」などと褒める。「いいね」といった曖昧な言葉ではなく、「何がよかったのか」をきちんと見極めて、具体的に褒めることが大切です。

では、相手が成長の第2段階、「有意識の無能」にいるとしたら、どんな言葉がいいと思いますか。

まず、ご法度なのは「こうやるって教えただろう？　なんでできないんだ？」といった叱責です。「有意識の無能」は、「やり方はわかるけど、まだうまくできない」という状態。それを一番もどかしく感じ、自分に対する怒りや焦りに追い立てられているのは、本人であるはずです。

そこで、相手をますます追い詰めるような言葉をかけるのは、それこそ相手の「視座・視野・視点」で考えていない証といわねばなりません。

こうした「有意識の無能」の人は、とにかく安心させて、何を理解していて、何を理解していないのかを明確にしてあげること。そして、バッターボックスに立たせてあげて、勇気をもってバットを振れるような言葉をかけることです。

たとえば、

「まずは、やってみよう！」「大丈夫だよ、君ならできるから」「ゆっくりでいいよ」「自分も君くらいのときには、そんな感じだったよ」「今日は、ここまでできたんだから、上出来だよ。明日はもっと早くできるように、一緒にがんばろう」

――といった言葉をかければ、相手は、むやみに自信や意欲を失わずに、さらなる成長に向かっていけるでしょう。

そして次の第3段階、「有意識の有能」になると、相手は、ひととおり自分で仕事をこなせる状態です。ただし、3勝1敗くらいで失敗も繰り返す。つまり、まだ安定してできるようには、なっていないということです。ベテランからすると、スピードもまだまだ足りず、もたもたしていると感じることも、多々、見受けられる状態です。

この段階から「無意識の有能」に行くには、とにかく場数を踏むこと。いわば反復練習を積むことが大切です。

反復練習は、ともすればマンネリを感じ、仕事に飽きる要因ともなりかねないので、相手がモチベーションを保てるような言葉がけが必要になってきます。その仕事の醍醐味や社会的意義、将来性など、仕事ぶりそのものに対する褒め言葉より、一段深い話が効果的でしょう。

間違えても、「もっと効率的にやりなさい」「君は要領が悪いね」といった、バッターボックスに立つのを阻害するような言葉は避けなければなりません。

さらに第4段階、相手が「無意識の有能」だとすると、また、かける言葉が変わってきます。この段階にいる人は完全に仕事を覚え、何でも自分一人でできる状態です。ただし、完全に覚えているからこそ、本人にとっては「こなす」という状態になることも考えられます。

だから、新しい学び、技術の習得の機会など新しい刺激を与えるほか、次に何を求めるかといえば、指導力でしょう。

つまり、次の最終段階、「有意識の無意識の有能」になってもらうために、「いつも、さすがだよね。どうやってここまでできるようになった?」「これを新入社員にも習得してもらうには、どうやって伝える?」といった言葉がけになるのです。

では、最後の「有意識の無意識の有能」では、どうなるでしょうか。自分がこの段階にある場合は、今お話ししてきたように、相手の「視座、視野、視点」にまで降りて、言葉がけを考えることです。

ここで少し、視点を変えてみましょう。

自分が1~4の成長段階にいる場合は、「有意識の無意識の有能」の人ほど的確に、貴重な教えを授けてくれる人はいません。「教えてください」といった言葉で可能な限り食いついて、みずからの成長の糧とする。相手の「視座・視野・視点」を意識すれば、やはり自然と、こういう言葉グセになるはずです。

ぜひとも、最後の第5段階を目指し、いずれは、現場の人財育成の再現性を高められるリーダーになっていっていただきたいと思います。

いかがでしょうか。相手の「視座、視野、視点」をもつという思考グセが身についていると、人に対する言葉がけにも、これほどの柔軟性が出るということです。単に言葉を変えるのではなく、思考グセによって言葉グセが変わってこそ、周りの人とのコミュニケーションは、より濃く、豊かになっていくのです。

自分を鼓舞する言葉が出るようになる

さらにもうひとつ、成長の5段階を踏まえて言葉を発することには、大きなメリットがあります。

コミュニケーションの最小単位は、自分自身とのコミュニケーション。つまり、自分の成長段階に応じた言葉グセによって、自分をエンパワーすることもできるのです。

先ほど挙げた、相手の成長段階に応じた言葉がけを、もう一度、見てみてください。ほぼすべて、そのまま自分に対しても使えます。

この発想があれば、自分が「無意識の無能」にいる間は、何かができたときに、たとえどんな小さなことでも「よくやった、自分」と自分に言葉をかけ、達成感を味わうようになるでしょう。

次の「有意識の無能」の段階では、何かとモタついてしまい、思うように仕事を進められないこともあるはずです。

心ない先輩や上司から、「こうやるって教えただろ?」なんて言われるかもしれませんが、自分だけは、自分の味方でいること。「大丈夫」「ゆっくり習得すればいい」「明日はもっと早くできるようにがんばろう」といった言葉をかけ、自信や意欲を失わないように自分を保つことが大切です。

3段階めの「有意識の有能」になると、一応は仕事ができるようになっているけれど、まだ、習得しきったとは感じられません。ここから長い反復練習の期間に入っていきます。

上司から「効率的にやれよ」「どんくさいな！」などと言われることもあるかもしれませんが、この間で重要なのは、とにかくモチベーションを保つこと。自分の尊敬する上司や先輩など、より高い視座の持ち主を意識して、仕事の醍醐味や社会的意義、将来性などを自問自答すると、飽くことなく努力を続けられるでしょう。

そして4段階め、「無意識の有能」になると、もしかしたら、自信たっぷりに仕事を「こなす」人になりかけるかもしれません。それだと4段階めで頭打ちになってしまうので、次の「有意識の無意識の有能」を目指したいところです。

この段階になったら、自分の仕事人生を振り返ってみるタイミングです。「どこでつまずいて、どうやってできるようになったんだっけ」「このやり方を新入社員に教えるとしたら、どう伝えたらいいかな」などと、自分に問いかけてみてください。

このように、「今の自分は、どの成長段階にあるのか」と自身を振り返ってみるのは、すなわち自分の「現在地」を知るということ。その思考が自分に対する言葉グセに反映され、日々、意欲的に、成果につながるように仕事に取り組む力が生まれるというわけです。

5章

圧倒的に「選ばれる人」になる

すべてが「当たり前」に「圧倒的」になっていく

4章までで、感情、思考、行動、言葉のクセの話は、おしまいです。

それぞれの関係性は、十分にご理解いただけたでしょうか。

人間は、感情が思考に影響し、思考が行動と言葉に反映される、というふうにできています。

ネガティブな感情からはネガティブな思考が生まれ、ネガティブな行動や言葉へとつながります。そしてネガティブな行動や言葉には、もれなく周囲からネガティブな反応が返ってくるため、さらに自分の感情はネガティブになり、思考、行動、言葉へと、ネガティブが増殖していきます。

こうしたネガティブの悪循環のなかでは、どうしても意欲的に物事に取り組むことができず、人間関係も成果も向上しづらくなるものです。

誰もが、それぞれに大きな可能性を秘めた存在なのに、ただ感情の扱い方を知らないために、その可能性を開花させられずにいる。こんなに惜しい話はありません。

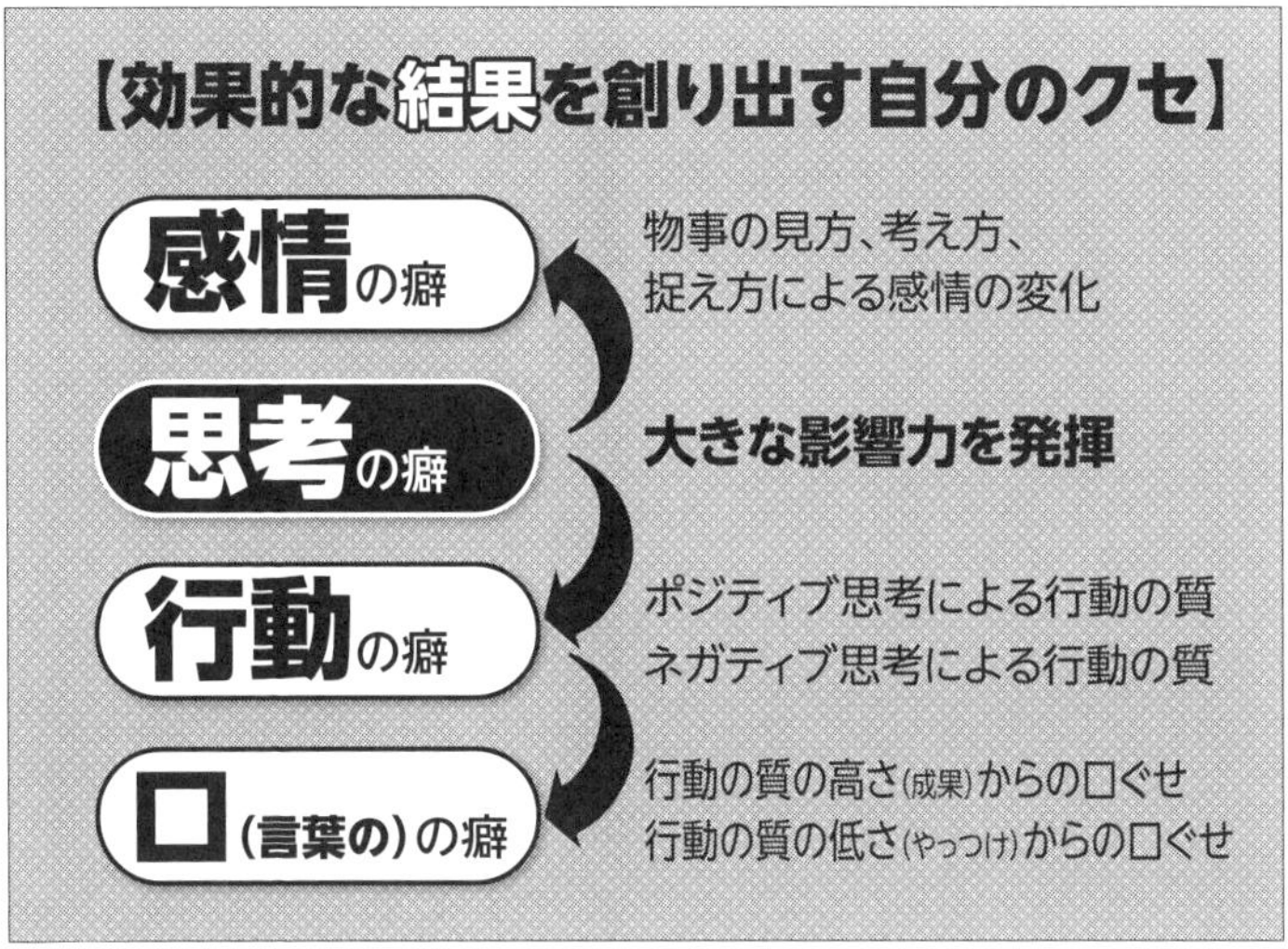

ならば、オセロを真っ黒から真っ白へとひっくり返すように、ネガティブの悪循環をポジティブの好循環に逆転させていってしまおう、というわけです。

本書の最終章に入る前に、そこも少しおさらいしておきましょう。

出発点は感情ですが、オセロを真っ黒から真っ白へと変えるために、最初にひっくり返すのは、思考です。そのための処方箋としてお話ししたのが、「あり方」を定め、「ウォンツ、ニーズ、マジック！」を探るという思考グセでした。これらの思考グセが身につくと、「視座高く、視野広く、視点柔らかく」という思考の土台が整います。

このふたつの思考グセが身についた状態

が、つまりは、思考がポジティブ化した状態です。

すると、感情へとフィードバックされて感情グセがポジティブに変化します。その変化した感情によって、さらに思考グセが強化され、行動、言葉へとつながります。

こうして、ポジティブ化した思考と感情から生まれる行動や言葉に対しては、周囲からもポジティブな反応が返ってきます。結果、自分の感情も思考もいっそうポジティブになり、「これでいいんだ」と、より腑に落ちた状態、当たり前のレベルが上がった状態で、さらに行動し、言葉を発するようになっていきます。

こうした、思考グセの変化から始まるすべての変化は、ほぼ自動反応として起こります。まさにオセロがパタパタとひっくり返るように、ネガティブな悪循環が一転、ポジティブの好循環になるのです。

そのなかで、すべての行動や言葉が圧倒的になっていきます。

たとえば、圧倒的に相手を引きつけるアイコンタクト、圧倒的に力強い握手……こうした一見、小さなことから、仕事の進め方、要望への応じ方といった大きなことまで、すべてが圧倒的な質になっていきます。

自分で意識して、強いて圧倒的にするわけではありません。私の周りにも、圧倒的な質を提供している人たちがいますが、「こういうところがすごいですよね」と伝えると、たいていは「え、そうですか？」とポカンとされます。

たとえば、「息をすること」を「すごいですね」と言われたら、誰でも「は……？」となるでしょう。それと同じです。彼らのなかでは、圧倒的な質が、それこそ息をするように「当たり前」になっているから、改めて指摘されても、あまりピンとこないのです。

このように、思考グセが本当に変わると、やがて無自覚のうちに、圧倒的な質を提供してしまうようになる。それこそが、コミュニケーションレベルが非常に高く、かつ大きな成果を出すことで、選ばれ続ける人材、選ばれ続ける組織です。今まで、私が指導に入らせていただいた企業様では、例外なく、そんな劇的な変化が起こっているのです。

あなたが変われば、周りも変わる

クセを変えるというのは、いってみればトレーニングです。人は、研修では変わりません。人はトレーニングで成長し、変化していくものです。だからこそ、本書を読んだだけ

（いわば研修を受けた状態）、理解しただけではトレーニングとは言えません。

突然ですが、もし、「息をずっと吸い続けてください」と言われたら、どうなるでしょう。

実際に、やってみください。

息を吸って、吸って、吸って、もっともっと吸って……はい、途中で絶対に苦しくなりますよね。

誰だって、息を永遠に吸い続けることはできません。「吸って吐いて、吸って吐いて」という循環によって、私たちは、命を保っています。

これと同じで、知識やノウハウを読んだだけ、理解しただけ、つまり「吸い込む」だけでは、単なる頭でっかちになって自分が苦しくなってしまいます。そして頭ばかりが重たくなって、やがてバランスを崩して転んでしまうでしょう。やはり、「吸って吐いて、吸って吐いて」という循環を創り出すことが、自己を絶えず成長させることにつながるのです。

だからこそ、思考グセに始まる４つのクセを変えるノウハウを、頭に吸収させるだけではなく、外に向かって「吐き出していく」こと。

思考のクセの変化による感情のクセの変化、そこからの行動、言葉の変化を周りの人に対してアウトプットすることで、よりよい未来へと自分を運ぶクセが身についていきます。

本書を通じて身につけていただきたい限界突破力は、いったん最後の「言葉のクセ」まで行ったら完成、なのではありません。

成長とは、実践と学習の繰り返しによって成されていくものです。

頭で吸収したクセをアウトプットしては、周囲の反応などをインプットし、インプットによって磨かれたクセをアウトプットしては、またインプットし、さらに磨かれたクセをアウトプットしていく……これを繰り返すことが大切なのです。

この「吸って吐いて、吸って吐いて」という循環、つまり実践と学習を繰り返していけば、クルクルとらせん階段を登っていくように、必ずや大成していけるでしょう。

アウトプットが重要というのは、「学習した内容の定着度は、その学習に対する自分の行動によって変わる」とする説でも示されています。

その説、「ラーニングピラミッド」によると、学習内容を「聞くだけ」だと、定着度は5パーセント、「文章を読む」だと10パーセント、「見て覚える」だと20パーセントです。

ここまでは20パーセントと、定着度は、かなり低いですね。でも、ここから大きな変化が現れてきます。「自ら行う」だと30パーセント、「他者と議論する」だと50パーセント、さらには「みずから体験し、人に教える（伝える）」だと90パーセントにまで高まるとさ

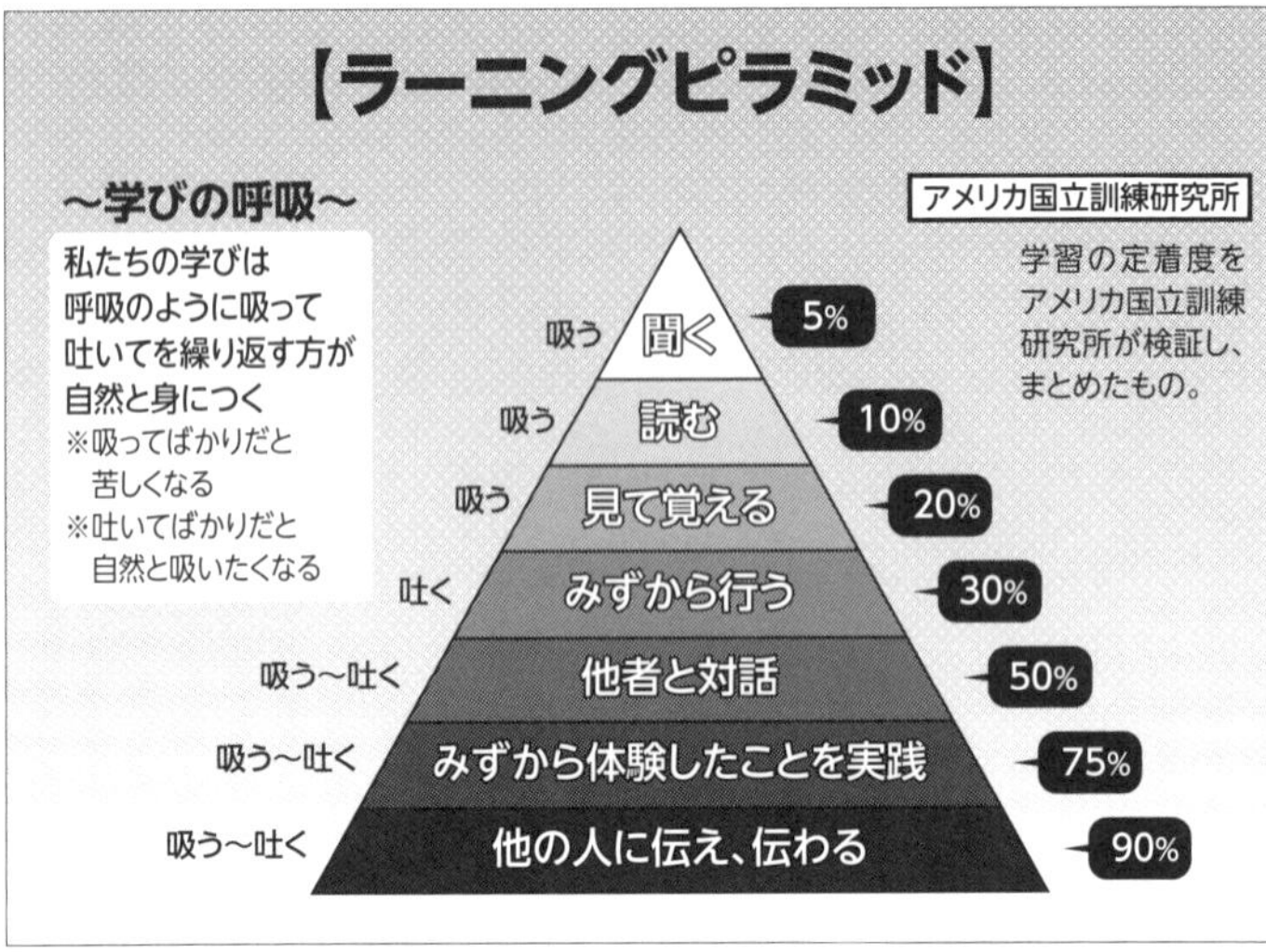

れているのです。

「聞く」「読む」「見て覚える」、さらに「みずから行う」の半分くらいまでを「吸う」、そして「みずから行う」の半分くらいから「他者と対話する」「みずから体験したことを実践する」「みずから体験したことを人に教える（伝えるから伝わる）」をここから呼吸のリズム同様に「吸う↓吐く」の循環に置き換えれば、アウトプットすること、実践することの重要性が、いっそう、おわかりいただけるでしょう。

アウトプットとインプットを繰り返すというトレーニングは、自分一人で続ける孤独な戦いに思えるかもしれませんが、あなたは、じつは一人ぼっちではありません。

思考グセを変え、感情グセが変わり、さらに思考グセが強化されて、行動のクセも言葉のクセもどんどん変わっていく。コミュニケーションは相互作用ですから、こうしたあなたのアウトプットの変化につられて、周りの人たちも変わっていきます。

まさに、みずからアウトプットする（「みずから行う」）ことで、より定着度が高い「他者と対話する」「みずから体験したことを実践する」「みずから体験したことを人に教える（伝えるから伝わる）」というフェーズに入ることができるということです。

そう考えると、周りの人たちは、一緒に変わっていく「仲間」といえます。

あなたのアウトプットが起点となり、周囲を巻き込んでいくなかでは、「他者との対話」が生まれたり、あなたが「みずから体験した」ことを、周囲の人たちに「教える（伝える）」立場になったりすることもあるでしょう。そのなかで、あなたも、さらにインプットし、アウトプットし、学習効果を高めていくというわけです。

こうして、仲間とともにトレーニングし、学び合い、ともに向上していく「チーム学習」が自然と成り立っていく――。そんなイメージも抱きながら、本書で紹介したクセを身につけた暁には、いっそう素晴らしい人生が開けていくと信じて、ぜひとも、このトレーニングを続けていただきたいと思います。

さて、本書の冒頭に、私は本書における「Confront（コンフロント）」の意味合いを簡単に記しました。そこから今まで読み進めるなかで、コンフロントとは、冒頭に記した意味合い以上に深く本質的な概念であるということを、何となく感じ取ってくださっているのではないでしょうか。

人間がもっとも勇気を必要とするのは、じつは自分の心を見るときです。きちんと自分の心を見る精神的強さをもっていれば、どんな出来事、物事も受け入れることができます。

また、こうした精神的強さは、相手を認める際にも必要です。自分が強いから、相手を許容することができるし、認めることもできるのです。

自分の心と向き合い、何事をも受け入れる強さがある。その強さをもって相手を承認し、認めることができる。冒頭に記した「問題を課題に変え、自分の限界を突破していく力」とは、そんな精神的な強さを源泉とするものなのです。

まず、自分の心と向き合う強さがあれば、思考グセから感情、行動、言葉のクセを変えていくことができ、それによって自分も周りの人も、過去も未来も好転させていけます。そうやって、より素晴らしい自分自身、より素晴らしいチーム、より素晴らしい会社へと変貌する様を、私は数多く見てきました。

そうはいっても、信じがたいという人もいるかもしれません。「世界有数のテーマパークだからできたんでしょう?」「大企業だからできたんでしょう?」と。でも、そんなことはありません。

そこで本章では、私が実際に指導に入らせていただいた企業や、私が「あり方」に感動した企業から、いくつか「チーム学習」による成果をご紹介したいと思います。

取り上げるのは企業ばかりですが、大企業から中小企業まで規模はさまざまです。

思考グセを変えたことで、いったい、どんな変化が起こったのか。

それを如実に物語る実例を知っていただければ、個人に置き換えられるという話も、より説得力が増すはずです。誰でも、いつからでも——つまり「自分」だって、圧倒的な質をもって選ばれ続ける人材になれるんだと実感していただけることでしょう。

エピソード①――「案内板」のないホテル

「ザ・リッツ・カールトン大阪」には、「トイレはこちら」「エレベーターはこちら」「インフォメーションはこちら」といった案内板が、ほとんどありません。

普通に考えれば不便このうえないことですが、その意図は、リッツ・カールトンのクレドに記されていました。

「リッツ・カールトンは
お客様への心のこもったおもてなしと
快適さを提供することを
もっとも大切な使命とこころえています。
私たちは、お客様に心あたたまる、くつろいだ
そして洗練された雰囲気を
常にお楽しみいただくために

最高のパーソナル・サービスと施設を
提供することをお約束します。
リッツ・カールトンでお客様が経験されるもの、
それは、感覚を満たすここちよさ、
満ち足りた幸福感
そしてお客様が言葉にされない
願望やニーズをも先読みしておこたえする
サービスの心です」

このクレドが、ザ・リッツ・カールトンの「あり方」です。

〝最高のパーソナル・サービス〟〝お客様が言葉にされない願望やニーズをも先読みしておこたえするサービスの心〟――これらを提供するには、お客様のご案内を、無味乾燥な案内板などに任せるわけにはいきません。

何かを探している様子、迷っている様子、困っている様子、そんなお客様に自分から声をかけ、言外の要望までも汲み取ってサービスをする。

こうしたスタッフ個人個人によるパーソナルなお客様対応によって、クレドに定められた「あり方」を貫き、日々、「マジック！」を起こしているからこそ、ザ・リッツ・カールトンは、選ばれつづける一流ホテルになっているのです。

エピソード②――「悪臭ゼロ」のトイレ

羽田空港国際線ターミナルのトイレに行ったことはありますか。

今度、使う機会があったら、ぜひ、どんなトイレかと意識してください。見た目の清潔さはもちろん、トイレ特有の悪臭すら漂っていないことに気づかされるはずです。

現に、ここのトイレは、２０１５年には内閣官房「日本トイレ大賞」の国道交通大臣賞、２０１７年には日本トイレ研究所「トイレひと大賞」（トイレ環境や排泄に関する社会問題に取り組む人物を表彰する賞）の準グランプリを受賞しています。

私は国内・海外出張も多く、羽田空港発の国内線・国際線もよく利用しますが、たしかに、羽田空港のトイレは、びっくりするくらいきれいです。いったいどんなおそうじをしているんだろうと観察していたら、これまたびっくりしました。

トイレそうじの方々は、便器のミゾにまで指を突っ込んで、念入りに拭いているのです。それも「奥まで届いているかどうか、指先の感覚でわかるように」と、あえて分厚い手袋ではなく、薄い手袋を使っています。

トイレのミゾなんて、もっとも汚れが溜まりやすく、できれば触りたくない部分です。でも、それゆえに悪臭の一番の発信源になっており、だからこそ、ミゾまで念入りにそうじすることで、悪臭すら漂わないトイレを作り上げているのです。

このトイレそうじの方々を支えているのは、いったい何でしょう。

それは、「お客様に清潔と快適を提供している」という「あり方」です。その「あり方」を貫くには、何をするべき？　それをどれくらいするべき？　という「やり方の基準」に対するひとつの答えが、ミゾにも指を突っ込んで念入りに拭くこと、というわけです。

おそうじの方々としては、ただ、自分たちの「あり方」に沿って行動しているに過ぎません。トップダウンで「そこまで拭け」と言われたからではなく、共有している「あり方」からすれば、「そうするのが当たり前」だから、一番汚いところにだって、薄い手袋だけをつけて指を突っ込むのです。

トイレ大賞やトイレひと大賞の受賞は、まさに、トイレそうじの方々の「あり方」と「やり方の基準」が評価された結果といえるでしょう。

エピソード③——社会人の心得が身につく教習所

珍しいところでは、自動車教習所のお手伝いをさせていただいたこともあります。

自動車教習所といえば、車の運転を教えるところ。それ以外の「あり方」なんて考えられるのか、と思ったかもしれません。

先に答えを言ってしまうと、この教習所では、「自動車教習を通じて人材育成を行う」という「あり方」を定めました。

運転を習いにくる人の多くは、18歳～22歳の若者です。そしてこの若者たちは、自動車の運転を習うために、一定時間を教官とともに車の中で過ごすことになります。

考えてみると、じつは、10代後半から20代前半という、まだ社会に出ていない若者が、一人の大人、しかも初対面の人と、これほど近い距離感で一定時間をともに過ごすというシチュエーションは、ほかにはあまりありません。それに、免許をとるには数ヶ月〜半年ほどかかります。

そんな空間と時間を活用したのが、この教習所でした。人生経験豊かな教官が、世間をまだ知らない若者に、自動車教習を行うだけでなく、社会人として活躍するための心得も教える、という付加価値をつけたのです。

たとえば、運転の練習には、失敗がつきものです。そこで教官は、運転上の失敗を正すだけではなく、「失敗を失敗のまま終わらせず、成功につなげる心がまえ」を話す。このように、自動車教習の枠に留まらない、少し広い視野から話すようになりました。

ここでも、たしかな手応えが得られました。というのも、教習所の卒業生が、後日、御礼に訪れるようになり、その素晴らしい体験を、自分の友人や兄弟姉妹を紹介するようにもなっていったのです。営業をかけなくても、お客様がお客様を呼んできてくれる、そんな好循環が起こり始めました。

「教官に言われたことが、面接で役に立ちました。おかげで希望した企業から内定をもらえました」「社会人1年目、ここで習ったことがすごく生きています」「年の離れた上司とうまく付き合えているのは、ここに通ったおかげです」——。

そんな感謝の声が続々と届くとともに、評判が評判を呼び、今では「人生が変わる教習所」と呼ばれているほどです。同業他社がやっていない「ひと手間」を加えることで付加価値を作り出し、唯一無二の存在として選ばれる教習所となったのです。

エピソード④――「最幸な非日常体験」を楽しめるテーマパークやアミューズメント施設

私は「V字回復テーマパーク人財育成・人財開発トレーナー」として、さまざまなテーマパークやアミューズメント施設にも指導に入らせていただいています。

どの現場でも共通して強く感じるのは、現場スタッフが「もっとお客様に幸せになっていただきたい。自分たちがお客様の想像を超えるような圧倒的な働きかけをすることで、思わず感嘆の声を上げるような体験をしていただきたい」と飽くなき挑戦をして、前向きに取り組んでいる姿です。

「どうして、これほどまでに果敢に取り組めるんだろう?」――と私ですら思ってしまうほどなのですが、現場スタッフたちの心の奥底にはもうひとつ、ある思いが共通して秘められています。

「よくお客様や周りの人たちから、ほかのテーマパークやアミューズメント施設と比べられるけれど、私たちは、それと同じようにはなれないし、そもそも、それとは違うし……」

つまり、どのテーマパークやアミューズメント施設にも「あそこではこうだったのに、ここでは違う」というお客様の何気ないひと言、小さなご要望がつきものなのです。

たとえば、あるテーマパークの建造物は本物さながらで、決して「裏側」を見せませんが、あるテーマパークの建物は裏側が丸見えです。

また、あるシネコン施設の売店のウリは「できたてのキャラメルポップコーン」ですが、別のシネコン施設の売店にはキャラメルポップコーンがなく、「塩バター味と醤油バター味のポップコーン」がウリになっています。

はたまた、あるアミューズメント施設の閉園時間は22時ですが、あるアミューズメント施設の閉園時間は18時です。

こうした点を比較して、お客様は悪気なく評価するものです。それを知った現場のスタッフたちは、どうにかして他社と比べることなく、「私たちらしさ」を広く浸透させていこうとチャレンジを重ねていたわけです。

そこでまず、私が取り組むのは、「自社ならでは」「うちの現場にしかない」という「あり方＝他社を圧倒する価値」を一緒に考えてみることです。

そもそも、テーマパークやアミューズメント施設の基本コンセプトとは何なのか。それは「日常生活では体験、経験できないような、自社独自のテーマ性を表現した世界のなかで、期待をはるかに上回る非日常的な感動や感嘆の体験を、お客様に味わっていただくこと」です。

もちろん、自社独自のテーマ性はそれぞれで異なります。当然、テーマ性を表現するためのサービス内容や商品展開も異なりますが、テーマパークやアミューズメント施設という業態として、根っこに流れているコンセプトは共通しているのです。

したがって、テーマパークやアミューズメント施設ごとの違いは、断じて優劣の差ではありません。それはテーマ性の違いです。つまり、それぞれのテーマ性こそが、テーマパークやアミューズメント施設の「あり方」なのです。そして自社のテーマ性、「あり方」に沿って、それぞれが非日常の素晴らしい世界を創造しています。

お客様からすれば「あっちの施設と違う」と思うようなことでも、自社独自のテーマ性を表現し、お客様に自社のテーマパークやアミューズメント施設をフルに楽しんでいただくため、そして感動、感嘆していただくために「意図的にしていること」。すべてに意味があるのです。

この基本的な観点から改めて各現場を眺めてみると、いっそう強く、現場スタッフたちの熱意が伝わってきます。

いかに「日常生活では体験、経験できないような自社独自のテーマ性を表現した世界のなかで、期待をはるかに上回る非日常的な感動や感嘆の体験を、お客様に味わっていただく」ということが素晴らしく実現されているか、よくわかるのです。

こうした現場の随所に込められた意味と価値を、スタッフたちは、あえてお客様に語ったりはしません。

でも、しっかりと自分たちの「あり方」に立ち返った現場スタッフの言動や場づくり、そこから醸し出される雰囲気や、そのパークや施設内でのさまざまな体験により、お客様はジワジワと、そこでしか得られない感動、感嘆を感じ取るようになっていきます。

お客様にほかの施設と比較されるごとに、自分たちの「あり方」が見えづらくなる瞬間も多々あります。しかし、その際に大切なことは、改めて私たちのサービスのあり方と、そこから生まれるサービスや商品の意味と価値を振り返り、再確認することです。

こうして、「あり方」が改めて明確になると、現場スタッフたちの飽くことなき挑戦も、挑戦によって遂げられる変化も、さらに大きくなっていきます。

ほかのパークや施設にはない独自の強みを生かしたイベント、施策が次々と開催され、お客様の間でも、「ほかと比較できない独自のコンテンツ」として認識されていきます。

それにともなってお客様からの評価も大きく変わり、多くの皆様からグッドコメントをいただくようになると、また、いっそう現場スタッフの目が輝き出して、さらに自信あふれる態度でお客様と接するようになっていきます。

そのような現場での変革が続いた結果、どのテーマパークもアミューズメント施設も、自社過去最高益を出しています。もともと定まっていた「あり方」に明確に立ち返ったことで、それぞれが、それぞれにしかない価値によって選ばれる存在になっているのです。

エピソード⑤——「最短時間で最高のヘアカット」を約束するプロ集団

(株式会社エイチ・エス・ケイ)

エイチ・エス・ケイの市毛慶一代表取締役社長（左）と、白鳥雄次常務取締役

次に紹介したいのは、とある理・美容院。シャンプーやカラーリング、ブローは提供せず、短時間&低価格でカットだけ行うという、いわゆる「1000円カットハウス」の業態です。

ここにも指導に入らせていただいたのですが、運営側、現場に立つ理・美容師さんたちともに、「もっとよい現場をつくり、お客様に、よりよいサービスはできないか?」と探求されている最中でした。通常の理・美容室と比べると、業態としては、もちろんフルサービスの店舗よりも客単価が低く、できることも限られています。そこで「さらに何ができるのか」という前向きな探求を繰り返していらっしゃいました。

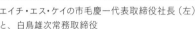

まず取り組んだのは、やはり「あり方」を一緒に考えることでした。

みな、きちんとカットの技術を学んできているのですから、「安かろう悪かろう」のはずがありません。そこで「『1000カットハウス』ではなく、『カットハウス専門店』である」＝「最短時間で最高の仕上がりを約束するカットのプロ」、それが自分たちだという「あり方」を定めたのです。

通常の理・美容院だと、カット&ブローで5〜6千円はかかるものでしょう。それが1000円で、しかも通常の理・美容室と同等か、それ以上の最高のカットクオリティが約束されている。だとしたら、お客様は必ず利用したくなるのではないでしょうか。

もちろん、これも、通常の理・美容室と1000円の理・美容室とで、どちらが優っているかという話ではありません。

通常の理・美容室は、カットの技術と一緒に、パーマやブロー、スタイリングの技術とセンス、時間をかけてフルサービスを提供する贅沢感といった価値を提供しています。それはそれでひとつの「あり方」であり、ただ、テーマが違うだけなのです。

とくに男性であれ女性であれ、ショートヘアの人は、ちょっと髪が伸びるごとに美容院に行く必要があります。また、女性には「ちょっとだけ前髪を整えたい」といったニーズも多いことでしょう。

そのたびに、5000円なりのお金がかかるのは、財布にはけっこうな痛手であるはずです。そこに、「『1000カットハウス』ではなく、『カットハウス専門店』である」＝「最短時間で最高の仕上がりを約束するカットのプロ」という「あり方」のチャンスがあると思いました。

社員さんの努力によって、狙いは的中しました。

カットのプロ集団として、社内での委員会活動を通して、各プロジェクトを担当されたリーダーを中心に、現場改革が次々に行われていきました。安全衛生ひとつをとっても、よりお客様に安心に、安全、そして快適に過ごしていただけるように、現場オペレーションが次々と改善されていきました。

こうして、より洗練された、妥協を許さない業務フローへと進化していったのです。

もちろん、そこで働く理・美容師さんたちにも、大きな変化が起こりました。

「『1000カットハウス』ではなく、『カットハウス専門店』である」＝「最短時間で最高の仕上がりを約束するカットのプロ」という「あり方」を定めたことで、理・美容師さんたちは、さらに自信をつけ、どの現場よりも圧倒的にたくさんのお客様に関わっているという視野からも、さらなる技術力・おもてなしに磨きをかけて、お客様とのコミュニケーションも目に見えて上達したのです。

結果として、この「あり方」は大成功でした。「ちょっとだけ髪を切りたいときに、短時間で適正価格を実現し、クオリティも高く、しかも、いい感じに仕上げてくれる理・美容院があったらいいな」という利用者のニーズを探り当て、それに圧倒的な質で応えることで「マジック！」を起こしたのです。

今も、「最短・最適な時間で最高のヘアカット」に価値を見出したお客様で、連日、常時満席という盛況ぶりです。

エピソード⑥——本当の「美しさ」を叶えるエステ

（株式会社サカエコーポレーションラ ピュール サカエ）

エステというと、どんなイメージがありますか。私がお手伝いさせていただいた、とあるエステサロンは、「美しさを売る」という「あり方」を定めたことで、圧倒的な質をもっ

beauty & spa
LA PUR
sakae

サカエコーポレーションの
代表取締役・望月隆弘さん

て選ばれるエステサロンになりました。

考えてみれば、「美しさ」の定義も、自分の考える「美しさ」をどうやって叶えたいのかも、人それぞれ異なります。

たとえば、ひと口に「ブライダルエステ」といっても、ウェディングドレスのデザインによって、美しく見せたい場所は違ってきます。

背中が大きく空いたドレスなら、背中の肌を美しく整えるエステが必要でしょうし、二の腕が露わになるドレスなら、二の腕を引き締めるエステや、二の腕のブツブツを治すエステが必要でしょう。あるいは、体のラインが出るマーメイドドレスならば、ウェストや下腹のお肉を減らすエステを重点的に行ったほうがいいでしょう。

「やせたい」という場合も、どういう方法でやせるのがベストかは、一概にはいえません。

「食べるのはあまり我慢したくないから、少しずつ健康的にやせたい」「大事なイベントがある3ヶ月後までに3キロ減量したい」「やせたいけど、バストは落としたくない」「とにかくウェストを、あと3センチ減らしたい」――などなど、それぞれ選ぶべき方法はまったく違います。

お客様は、意外と自分のニーズを、自分からは言葉にして伝えないものです。「伝えない」というより、まだ自分の本当のニーズに気づいていないために、うまく「伝えられない」のです。

それを、自分から積極的にお客様に問いかけて探り当て、圧倒的な質で応えるようにしたのが、このエステサロンでした。

お客様がどんな「美しさ」を求めているのか。その「美しさ」を得た先に、どんな未来を期待しているのか。「美しさを売る」という「あり方」を定めたことで、お客様が本当に求めている美しさと、その美しさとともにある未来を提供できるようになったのです。

エピソード⑦——「お母さんにとって幸せな場づくり」を提供し、地元から愛され続けるパン屋（株式会社マイ　パンステージマイ）

マイの関根正樹代表取締役と奥さんの関根由紀恵専務取締役

次にふたつほど、町の素敵な企業様の例を紹介したいと思います。

ひとつめは、とある町で3店舗のお店をかまえている、その地域で愛され続けているパン屋さんです。

このパン屋さんは、本当にありがたいことに、ずっと「私の研修を取り入れたい」と言ってくださり、2年ほども待っていただいてしまいました。

経営者の方は志が高く、情熱的に現場に関わっておられ、「ぜひとも指導に入っていただきたい」と、私が所属する会社まで直談判に来てくださいました。そうなると火がついてしまう私が、「もちろんです！」と即答したのは、いうまでもありません。

パン屋なのだから、おいしいパンを売る。それは当然ですが、このお店は、パン屋だからこそできる「あり方」を定めました。それは、「パンを通じて、家庭のお母さんの幸せな場づくりを提供する」という「あり方」です。

「母親が笑顔になれば、世界は平和になる！」「パン作りは笑顔づくり」を信念に、毎日、営業されている企業様です。

いつも現場の社員さん、パートアルバイトさんは、ビッグスマイル（最高の笑顔）を心がけ、「笑顔はお互いの素晴らしい関係を作り出す」ということを「やり方の基準」として高いクオリティ(ゴールデンスタンダード)を設け、こだわりをもって行動されています。

たとえば、相手と笑顔をもって接するということは、つねに相手を見ていなければ、成立しません。

そして、笑顔で相手をよく観察していると、あることに気づきました。お会計の際、トレイに乗っているパンを通じてお客様とコミュニケーションを図り、そこで生まれる心地いい気分ごと、お家に持って帰っていただきたい!!　そのために目指したのは「笑顔で会話が生まれるパン屋さん」です。

そのために、まずは、お母さんに安心してパンを買っていただけるよう、また、お子さんが安心しておいしく食べられるよう、パンの品質や味には、もちろんこだわっています。

それを物語っているなと思ったのは、サンドイッチを製造しているパートさんが、仕事を上がるときに、自社のサンドイッチを我が子に買って帰る姿を見たときでした。自分でつくった自信作だからこそ、お客様には自信をもって売り、そして自分自身も、当たり前のように我が子に買って帰るのです。

みずからも子をもつ母親として、自分自身も食べたいし、我が子にも食べさせたい、そう思えるサンドイッチをつくるんだという、こだわりをもって製造していることが、「自社のサンドイッチを買って帰る」という日常風景に現れていました。

実際、このパン屋さんのサンドイッチは、野菜をたっぷり使った、とても栄養価の高いサンドイッチです。「子どもたちに、おいしく野菜をとってほしい」、そんな母の愛情が詰まった、優しいサンドイッチなのです。

それ以外にも、牛柄の紙に乗ったミルクフランスパン「モーモーパン」や、こだわりの自家製カレーが入ったカレーパンなども、人気商品です。

カレーパンに使うカレーは、毎月、店舗ごとに、パートさん（お母さん）も参加して行われる商品開発会議でレシピが話し合われ、創業からつねに進化しつづけています。しかも、6時間以上煮込むという手間暇をかけて作られています。

また、「できたて」にこだわっているというのも、このパン屋さんの特徴です。たとえば、モーモーパンのクリームは作り置きせず、1日に3～4回、「モーモーパン」用のパンの焼き上がりに合わせて作っています。つねにお客様に「できたてのパン」を食べていただきたいという思いがこもった、素晴らしい取り組みです。

さらに、店内でも「パンを通じた幸せな場づくり」を提供できればという思いから、お店の一部にイートインスペースも設けています。

トレイに乗っているパン。私はこれを、「トレイの上のストーリー」と名付けました。何も考えずに眺めれば、ただのパンです。それだと、機械的に袋に詰めて、お会計をしておしまいでしょう。でも、「そこにはお客様のストーリーがあるんだ」と思って眺めると、まったく違って見えてきます。

たとえば、朝の通勤時間帯に、若い女性が、野菜と卵のミックスサンドとパック牛乳をトレイに乗せてレジにやってきたら、「今日の朝ごはんかな、それともランチに食べてくれるのかな」と想像できます。

だとしたら、慌ただしい時間帯とはいえ、「これは野菜たっぷりで、卵も入っているから栄養満点ですよ。いってらっしゃい！」くらいはいえるでしょう。たったひと言ですが、働く人を気持ちよく、職場へと送り出すことができるのです。

ほかにも、たとえば、ある休日の昼過ぎに、お子さんを連れたお母さんが、モーモーパンをふたつ、トレイに乗せてレジにやってきたら、「ふたつということは、もう1人、お子さんがいるのかな」という想像が働くはずです。そうしたら、モーモーパンを見つめて目を輝かせているお子さんに、「モーモーパン好き？　誰と一緒に食べるのかな〜？」などと話しかけられます。きっとお母さんが「ふたつ上のおにいちゃんがいるんですよ」なんて答えてくれて、会計をしながら、ちょっとした心地いい会話が生まれます。

イートインスペースを設けたのも、正解でした。「ここで食べていきます」というお客様との間にも、「焼きたてだから、とくにおいしいですよ！」「どうぞ、ごゆっくり」といった、笑顔の会話が多数、生まれるようになったのです。

もちろん、お客様は、何も最初から「パン屋さんで心地いい会話をしたい」なんて思ってはいないでしょう。求められてもいないのに、お客様に話しかけるのは、お店のほうとしては「ひと手間」です。いってしまえば、非効率です。でも、そのひと手間、非効率が、結果的に「マジック！」を生むのです。

現に、こうした「あり方」と「やり方の基準」を定めてから、このパン屋さんの業績は急上昇しました。現在の1日の売り上げは、同規模の一般的な町のパン屋さんの10倍ほどにも上ります。なかでも、カレーパンは1年に15万個、モーモーパンは1年に13万本を売り切る、大ヒット商品になっています。

街中のコミュニケーションがどんどん希薄になっているなか、パンを通じた会話、そこで生まれる幸せな場づくりのすべてが、かけがえのない付加価値でした。まさに、「マジック！」です。それが、「パンを買うなら、あのパン屋さんがいい」と、地元のお母さんを中心に、多くのお客様に愛される理由となったのです。

エピソード⑧——「お節介」を焼く焼肉店

（かわちどんグループ「焼肉かわちどん」）

かわちどんグループ代表取締役・山田唯夫さん（左）と、スタッフたち

街の素敵な企業様、もうひとつは名古屋にある焼肉店さんです。前項のパン屋さんと同様、主に地元の人をターゲットとした、代々家族経営の素晴らしい企業様です。

私がお手伝いさせていただくことになって、真っ先に社長、現場の皆さんが考え出した「あり方」は、ズバリ「お節介」です。「私たちは、ただ肉を焼くのではない、お節介を焼くんだ」――肉を焼くことに関しては、積極的にお客様のスペースに入っていこうというわけです。

ただし、お店の人に介入されることを嫌がる人も少なくありません。お節介を誤ってお客様に不快な思いをさせてしまったら、それは単なる「場違い」です。それでは、選ばれつづける焼肉店にはなれないでしょう。かといって、お客様の顔色を窺《うかが》うあまり、介入することを躊躇していたら、最高の場が生まれず、お肉も焦げてしまう可能性があります。だから、このお店では「本当のお節介とは何か」を考え抜き、お客様との呼吸の計り方までも磨き上げました。

最優先なのは、お客様との心温まるコミュニケーションであり、そして、最高においしいお肉の焼き加減です。せっかくいいお肉を仕入れて提供しているのだから、ベストな焼き加減で食べていただきたい、そして当店を選んでいただいたすべてのお客様に、最高なおもてなしをしたい!! そのために、お節介を焼くのだということが、お客様に伝わるようなコミュニケーション能力を身につけたのです。

焼肉店でも、ある程度の高級店になると、お店の人がつきっきりでお肉を焼いてくれるところもあります。つまり人件費をかけ、価格を高く設定すれば、それくらいの手間をかけることはできます。

でも、この焼肉店がお肉を焼くのは、あくまでも「お節介」です。心からお客様を思い、まるで家族の団らんのような温かさを味わっていただきたいがゆえに、していること。その手間賃を価格に上乗せしたら、お節介ではなく、高級店と同様の有料サービスになってしまいます。

この焼肉店さんが提供したいのは、お客様とともに過ごす「この場の価値」であり、そこに、価格以上の価値が生まれているというわけです。

「気持ちいい距離感を心得たスタッフが、相手の立場に立って、自分から、心温まる素晴らしいお声がけをしてくれて、絶妙にお肉を焼き上げてくれる」という話は人から人へと伝わり、今では、平日でも休日でもお客様が絶えない繁盛店になっています。

エピソード⑨――「障がい」を「ギフト」に変える子ども支援事業

（株式会社エンジョイ）

次に紹介したいのは、放課後等デイサービスをされている企業様です。

この企業様が提供している放課後等デイサービスは、身体的、知的に、いわゆる「障がい」をもったお子さんを預かるというものなのですが、今、私が「いわゆる障がい」と言ったのには、理由があります。

というのも、この企業は、世の中から「障がい」という言葉自体をなくしたい、という

株式会社エンジョイの
岩田貴正代表

社会生活療育型

放課後等デイサービス

エンジョイ

志をもって日々、お子さんと向き合っているからです。

この世に「障がい」というものはない。現在、世間でそのように呼ばれているものは、じつは「ギフト」、つまり「神から与えられた才能」である。これが、この放課後等デイサービス企業様の理念なのです。

こうした理念ですから、私が関わるなかで、このデイサービスに関わるみなさんが導き出した「あり方」も、ひと味違いました。

出発点は、「子どもたちの最高の圧倒的な笑顔をつくる」。そこから明確に定められた「あり方」は、「一人ひとりの超絶個性、超絶長所を、最大限に伸ばしていく」というものです。

「超絶」とは、「はるかに飛び抜けて優れている」といった意味です。いわゆる「障がい」を「ギフト」と捉えているからこそ、こういうポジティブで先進的な「あり方」が導き出されたんだなと思いました。

通常の放課後等デイサービスは、お母さんたちのサポートとして、一定時間、障がいをもったお子さんを預かり、施設内で安心、安全に過ごせるように心を配るというのが第一であり、おそらく、ほぼ唯一の目的です。

もちろん、大切なお子さんを預かる以上、安全性は担保されなくてはいけません。ただ、それだけでは終わらせない、というのが、この放課後等デイサービスのすごいところなのです。

「超絶個性、超絶長所を最大限に伸ばす」。そのために、この放課後等デイサービスのスタッフさんたちが毎日、どんなことをしているかというと、お子さん一人ひとりが、何を「やってみたい！」と思っているのかを引き出し、それを本気で叶える、ということです。

いわゆる「障がい」をもったお子さんが、生まれてから今までで一番、親や先生などから聞いてきた言葉。それが何かわかりますか？

「ダメ」「危ない」です。どんな子どもだって、しょっちゅう言われる言葉ですが、いわゆる「障がい」のある子どもは、その何倍も何十倍も「ダメ」「危ない」と言われているのです。

これらの言葉が、障がいをもつ我が子や、我が教え子が危ない目に合わないように、という愛情の現れであることは、言うまでもありません。

でも、「ダメ」「危ない」と言われ続けて育つなかで、いつしか、本人たちは「自分は何もできないんだ」「人の手を借りなくては生きられない存在なんだ」などと自信をなくし、自身の存在自体を、ネガティブに捉えるようになることも少なくないようです。

これは、世間から「かわいそう」「社会的弱者だ」という目を向けられるなかでも、起こりがちなことでしょう。そんな風潮をも、「一人ひとりの超絶個性、超絶長所を最大限に伸ばしていく」ことで一掃し、放課後等デイサービスの常識を覆してしまおうと、このデイサービスは日々、奮闘しているのです。

たとえば、四肢に障がいをもつお子さんが、ふとスタッフに「ジャングルジムで遊んでみたいな」と言ったとします。

まず、こんなふうに希望を明かしてもらえる時点で、スタッフさんたちが、どれほどコミュニケーション能力を磨き上げているかがわかります。とくに「ダメ」「危ない」と制約を与えられてきた子どもたちは、そう簡単に自分の希望を言えるものではないからです。

そして、たいていは「危ないからダメ」で済まされてしまいそうなところですが、このデイサービスでは、「そうか、わかった。じゃあ、やってみよう！」と言って、本気で叶えてあげます。

そうはいっても、その子がケガでもしたら一大事ですから、安全性は絶対確保しながら、その子が心から「楽しい！」と言えるようにするのです。そのためには、子どもの体の扱い方や目配りの仕方などを、通常レベル以上に実践できなくてはいけません。

だから、この放課後等デイサービスのスタッフさんたちは、お客様の見えないところで、ひたすら勉強と努力を重ねています。「一人ひとりの超越個性と超越長所を最大限に伸ばす」、そのプロフェッショナルであるというプライドが、自分たちの実践レベルを「圧倒的」なレベルにまで高めようという自己鍛錬につながっているのです。

また、「本物にこだわる」というのも、この放課後等デイサービスの特徴です。

なかでも素敵だなと思ったのは、「ラーメン屋さんをやってみたい」というお子さんの希望を、本気で叶えてしまったというエピソードです。

その希望を受けて、社長みずから、本物のラーメン屋さんに出向き、「じつは、こういう子がラーメン屋さんをやってみたいと言っている。ついては、そんな素敵な機会をこの子に与えるために、ひと肌脱いでくれないか」と直談判しました。そして、本物のラーメン屋さんの設備を、自社に持ち込んでしまったのです。

本物にこだわればこそ、おもちゃなどを使った疑似体験では済ませません。

このラーメン屋さん体験のエピソードのみならず、子どもたちに、本物を使ったリアルな体験をさせたいという思いは、プロハンドボールチームやプロサッカーチームと契約を結び、運動療育を行っていることにも表れています。

その他、「変わらないために、変わり続ける」をモットーとして、「一人ひとりの超絶個性、超絶長所を最大限に伸ばしていく」ために、もっとできることはないかと、つねに新しい試みを続けていらっしゃいます。変わらぬ「あり方」を、さらに質高く表現するために、必要な変化はどんどん起こしていこうということです。

こうした取り組みによって、子どもたちは小さな成功体験を積み重ね、みるみるイキイキしだします。「自分にもできるんだ」という自信をつけていきます。そしてもうひとつ、素晴らしいのは、お子さんの親御さんたちも幸せになれることです。

いわゆる「障がい」をもつ子どもの親は、深い悩みや不安を抱えており、孤独感に苛まれることも多いと聞きます。

それが、この放課後等デイサービスに通うようになったら、「人の手を借りなくては何もできない」と思っていた我が子が、「やってみたい」と言ったことを心から楽しんでいる。その姿を見たときに、親御さんも一気に救われるし、我が子を誇らしく思えるのです。

こんなふうに、親子一緒に幸せになれるというのも、この放課後等デイサービスの素晴らしい点だと思います。

すべて、企業として効率的かといえば、間違いなく非効率です。傍目には「どうして、そんなことまでするの?」という無駄も、たくさんあるでしょう。でも、そういう経営ロジックとしての効率性は、この放課後等デイサービスの関心事ではありません。

2章でお話しした「誰のための効率性か?」という話を、ここでも思い出していただければと思います。

この放課後等デイサービスにとっては、一人ひとりの超絶個性、超絶長所を最大限に伸ばすこと、それを実現するためならば、どんなことも非効率ではないし、無駄ではありません。すべて、まさに自分たちの「あり方」を体現する有意義なことなのです。

そして、その先に見据えている未来も、すでに経営方針に表れています。

「私たちは、子どもたちが社会に必要な人材として活躍できる前人未到の可能性を信じ、日々の療育を行う」

子どもたちの今現在の願いを本気で叶え、笑顔にする。これだけでもすごいことですが、その先には、子どもたちが成長したときに、「かわいそうな弱者」としてではなく、ギフトを授かった「社会に必要とされる人材」として羽ばたく未来を描いているのです。

先ほどもいったように、放課後等デイサービスで小さな成功体験を積み重ねるなかで、子どもたちは、「自分にもできる」という自信をつけていきます。それが、自分という存在を丸ごと受け入れ、自分の可能性を信じることにもつながります。

「たしかに自分は、大多数の人とは違うところがあるかもしれないけれど、そういう自分にだって、やりたいこと、できることがあるんだ」と、みずからの可能性を、みずからの力で押し広げていけるようになるのです。

このデイサービスが掲げている「障がいではない、ギフトなんだ」という理念は、そこで育った子どもたち自身の力によって、こうして現実のものとなり、世間一般にも広がっていくに違いありません。現場の方々と関わらせていただき、実際に素晴らしいあり方に基づく変化を目の当たりにして、私はそう確信しているのです。

エピソード⑩——笑顔の輪を地域社会にまで広げる介護施設（株式会社笑顔いちばん）

株式会社笑顔がいちばんの
代表取締役・山口専太郎さん

「大好きだったおばあちゃんに恩返しするために、笑顔あふれる介護施設を作りたい」

最後にご紹介するのは、そんな思いから創業された高齢者介護業の企業様です。

この企業様の社長は、もともと整骨院を営んでいました。それが2008年のリーマンショックの煽りで経営がみるみる悪化し、ついには、家族に生活費を渡すことも危うくなってしまいます。

そんな最中、ふと脳裏に思い浮かんだのが、大好きだったおばあちゃんの笑顔でした。

いつだって優しくて、自分の味方でいてくれたおばあちゃん。もし今、おばあちゃんが側にいてくれたら、どれほど心強いだろう。そして、これから自分の人生を通じて、おばあちゃんに恩返しができたら、どれほど素敵なことだろう。でも、そのおばあちゃんは、もう亡くなってしまっています。

そのとき、猛烈な「おばあちゃん恋しさ」とともに、あるアイデアがひらめきました。おばあちゃんに恩返ししたいけれど、今となっては、もう、できない。でも、恩返ししたい相手は、じつはおばあちゃんだけではない。今の日本の礎を築いてくれた、すべての高齢者に恩返しがしたい。

「そうだ、今こそ、高齢者の介護施設を作ろう！」――これがすべての始まりでした。

なぜ最初に、創業に至ったエピソードをお話ししたかというと、それが、この企業様の「あり方」に密接につながっているからです。

私が関わらせていただいて、真っ先に定まった「あり方」は、「笑顔づくりは街づくり。介護を通じて、自分が関わる人すべてを笑顔にする」というものでした。

恩返しとは、「してあげる」ではなく、自分が受けた恩を返すために、「させていただく」

ということです。そして、相手が笑顔になってくれなくては、恩返しになりません。

つまり恩返しとは、相手を笑顔にするということと、分かち難く結びついているといっていいでしょう。だから、「高齢者への恩返し」という発想から始まったこの企業様の「あり方」では、自然と「笑顔」に力点が置かれることになったというわけです。

さらに素敵なのは、「他を喜ばせる」という「他喜力」を重視し、笑顔の輪を、自社の介護施設の中だけでなく、地域社会にまで広げたいと考えたところです。

まず、自分たちが研鑽を積み、提供するサービスを圧倒的なレベルにまで高める。それを通じてお客様を笑顔にする。さらに地域に根ざし、笑顔を広げていくことで貢献していく、という、まさに近江商人の「三方よし」を地で行く企業様なのです。

地域社会にまで笑顔を広げるには、まず、目の前のお客様を笑顔にする必要があります。では、どうしたら、介護施設のお客様を笑顔にできるでしょうか。たとえば、リハビリやマッサージを受けに来るお客様を笑顔にするには、どうしたらいいでしょう。

リハビリやマッサージは、とくに高齢者の場合、「施術を受けること」が目的化することも多いようです。実践する機能訓練指導員としては、膝や腰の痛みを少しでも軽くして差し上げる。痛くなったら、また受けに来ていただく。それはそれで目的に適っているといえるでしょう。

でも、これだけだと、お客様を心からの笑顔にすることはできないのです。たしかに痛みが軽くなればラクですが、それによって「毎日が充実している」とか「これが楽しみ」といった人生の喜びまでは得られないからです。

そこで、この企業様の機能訓練指導員さんたちは、お客様が、膝や腰の痛みがなくなったらどんなことをしたいと思っているのかを、何気ないコミュニケーションのなかで的確に察していきます。リハビリやマッサージを受け、痛みを軽減することが目的なのではなく、「痛みが軽くなったらしたいこと」を目的に据えて、施術を行っていくのです。

たとえば、もうすぐ桜の開花シーズンだとしましょう。

「ずいぶん春っぽくなってきましたね」「もうすぐ、うちのほうでも桜が咲き始めますね」といった会話から、ふとお客様が「昔は○○公園まで歩いていて桜並木の下を散歩したものだけど、膝が痛くなってからはねえ……」なんて漏らしたとします。

そのひと言を、この企業様の機能訓練指導員さんは逃しません。「そうだったんですか。○○公園の桜、きれいですよね。じゃあ、膝の痛みを軽くして、今年からまた毎年、行けるようにしましょうよ」といった言葉で、「痛みがなくなったら、したいこと」を、さりげなく目的にするのです。

「やってみたいけど、できない」「前はできたけど、できなくなってしまった」――多くの高齢者の方々が、痛みを理由に、いろいろなことを諦めています。でも、少しでも痛みが和らげば、じつは挑戦できたり、またできるようになったりすることは多いはずです。

その点にアプローチすることで、痛みによってネガティブになっているお客様の気持ちを、少しでもポジティブにするお手伝いをする。この企業様の機能訓練指導員さんと出会うことで、お客様は、何歳からでも、また「夢」をもてるようになるのです。

おそらく、面と向かって「痛みがなくなったら、何がしたいですか?」と聞いても、はっきりとは答えてもらえないでしょう。それは、お客様自身が、痛みのせいでいろいろなことを諦めるうちに、わからなくなってしまっているからです。

そこを解きほぐして本心を聞き出し、まさに前にお話しした「マジック」をお客様から引き出すには、相当なコミュニケーション能力が必要です。

そのため、この企業様では、人材育成に、そうとうな力を注いでいます。技術の質を圧倒的なまでに高めるのはもちろん、お客様がふと漏らす、小さな本心ですらも聞き逃さない圧倒的コミュニケーション能力を併せ持つ人材を、多く育てています。

しかも、育成した人材を自社に囲い込むのではなく、同業他者に派遣するという、人材派遣業も営んでいます。自社だけ質を高めて潤えばいいという発想はいっさいなく、業界全体を底上げし、盛り上げたいという信念があるのです。

こうしたさまざまな取り組みによって、日々、作られている笑顔の輪は、すでに自社から地域へと広がっています。

たとえば、利用者と、その家族が出入りするだけの介護施設が多い中で、この企業の介護施設は、ちょっとしたコミュニティセンターのようになっています。

きっかけは、自分たちの取り組みや雰囲気を知ってもらいたいと、バザーなどのイベントをしたことでした。そうしているうちに、デイサービスを必要としない高齢者の方々が、しょっちゅう茶飲み話をしに訪れるようになったのです。

また、この企業様も、「変わらないために、変わり続ける」ということを重視しています。「笑顔づくりは街づくり」という「あり方」を、さらに質高く表現するために、もっとできることはないか。最近の例でいえば、介護施設に隣接する幼稚園を作ったことも、大きな成果を生んでいます。

子どもにとって高齢者は知恵の宝庫、高齢者にとって子どもたちは元気の源。これほどのベストマッチングはありません。この取り組みによって、笑顔の輪は、高齢者の枠を飛び出して、さらに広がることになりました。

「笑顔づくりは街づくり」という「あり方」が、さらに高いレベルで、みごとに表現されているというわけです。

さらに、ミャンマーから介護人材を招き、自社で育成するという取り組みも、ミャンマー政府を巻き込んで始まりました。

これには、日本の介護人材不足を解消するという目的もありますが、より長期的には、自社で育成された人材が本国や他国で介護の仕事に就くことで、日本の介護クオリティをグローバルスタンダードにしたいという強い思いがあります。

岐阜県のある街の介護施設から始まった笑顔の輪は、地域どころか日本をも飛び出して、ついには世界にまで広がろうとしているのです。

エピローグ

最後まで読んでいただき、ありがとうございました。

本書には、私が日ごろ企業コンサルティングやセミナーでお伝えしていることのエッセンスを、ギュッと凝縮して詰め込みました。

一度読んでは実践し、迷ったり行き詰まったりしたときには、ふたたび本書を開いてどうするべきかを確認する。そして本書の存在そのものが、あなたの感情や思考の拠り所となり、行動や言葉のトリガーとなる。そんな、いつも傍にあるバイブルのような存在に本書がなれたら、著者としてそれほど光栄なことはありません。


人材育成にかかわるようになって19年が過ぎた今、とみに感じているのは「学ぶ」ということの素晴らしさです。

私の講演や研修にいらっしゃる方のなかには、自分の可能性を半ば諦めてしまっている方も少なくありません。「どうせ自分なんてダメ」「こんな歳だからもう遅い」「自分は学歴がないから……」などとたびたび口にする方、「上から言われたから渋々参加している」という消極的な態度で参加される方、さまざまです。

ところが、いざ講演や研修が始まってみると、みなさんの目がどんどん輝き出し、今まで奥底に秘められていた可能性が次々と開花するのです。

ずっと諦めていた方が自信を取り戻してイキイキと語り出し、現場に戻っても前向きに「当事者意識を持った当事者」として積極的に働き出したり、今まで行動してこなかった方が新しいことにチャレンジしたり、あまり人と関わろうとしてこなかった方が積極的に人と話すようになったり……。

変化の実例は枚挙に暇がありませんが、全員に共通するのは「笑顔」、そして「エンジョイ！」する姿勢です。

学ぶことで今まで見えていなかった世界が見えた瞬間、人は自然と笑顔になるのです。

新しいことを学び、自分の秘めたる可能性に改めて気づいたとき、改めて自らの仕事の素晴らしさ、醍醐味、やりがいに気づいたとき、人はこんなにも変われるのだ……！　と、受講者の方々がものすごいスピードで成長を遂げる様を目の当たりにするたびに、私のほうが勇気づけられる思いです。

「好きこそものの上手なれ」のことわざの通り、人は本当に好きなことに出逢った瞬間から、誰に言われることなく、それそのものを自らが楽しみ、さらに楽しみを引き出し、自発的に学習し、成長を果たしていきます。

学校の勉強が好きではなかったという方は、きっと多いことでしょう。そういう私も勉強は苦手でした（笑）。

でも、今まで知らなかったことを新たに知ること——「学ぶ」というのは、本来、とても楽しくてエキサイティングで、そして自分自身を成長に向かって強く突き動かすパワフルなものです。

プロの講師として人材育成を「志事」とするようになって、私は、そのことに改めて気づかされました。

そんな素晴らしい気づきと学びの機会を与えてくださった私の師の一人、コミュニケーションエナジー湯ノ口弘二講師には、この場を借りて深く感謝いたします。

そして本書の原稿も佳境を迎えた8月末日、私は7年間お世話になったコミュニケーションエナジー取締役を退任し、自分の会社・株式会社ワンダーイマジニアを立ち上げることになりました。そういう節目の時期に出来上がった本書を手に取ってくださったみなさんには、勝手に浅からぬご縁を感じています。ありがとうございます。

ワンダーイマジニアの「ワンダー」とは「人の期待を上回る感動や感嘆を生む、驚くべきこと」、「イマジニア」は「イマジネーション＝想像力を発揮して創造すること」と「エンジニアリング＝0から1を作り上げること」を合体させた造語です。

本文でも触れた話ですが、ウォルト・ディズニーは「人間に想像力がある限り、ディズニーランドは永遠に完成しない」といいました。

「人間の想像力は無限大であり、人に想像力がある限り、ディズニーが提供できるハピネスも無限大だ（だから永遠に完成しない）」――新会社の社名は、このディズニーの精神に習わせていただいたものです。

すべての人間は驚くべきワンダーな可能性に満ちており、限りない想像とともに限りなく成長できる。それをサポートし、0から1を生み出す存在、みなさんの可能性を追い求め、開花させるお手伝いをするエンジニア（創造する者）でありたい。そんな思いを込めました。

人の可能性は無限大です。そして可能性を無限大に開く元となるのは「質の高い学び」と「圧倒的な場創り」です。だから、学ぶことには大きな意味と価値がある。そのことを今までも全力でお伝えしてきたし、これからも変わらず全力でお伝えしていきたいと思っているのです。

そして、

「さらに私たちが笑顔いっぱいに輝く場を全国、全世界に向けて発信していきたい」

「テーマパークのような誰もが笑顔になれる場を、日本中に創造していきたい」

こんな想いで毎日全国を駆け回っています。

今日も私は、日本のどこかで多くの方とご縁を紡ぎながら、ワンダーな可能性を開くお手伝いをしています。

みなさんとも、いつかどこかでご縁が結ばれるかもしれません。そのときを心から楽しみにしています。

思い立ったときが始めどき。

「頼まれごと」は「試されごと」。

誰が誰に頼んだかというと、自分が自分に頼んだのです。

自分が自分を試しているということです。

みなさんは、本書を通じて、そのことに気づいてしまいました。せっかく気づいたのだから、チャレンジしなくてはもったいないですね。

ぜひ学ぶ楽しみを味わいながら、無限大に広がる想像力に任せて、これからも自分自身のワンダーな可能性を開いていってください。応援しています！

この本を出版するにあたり、多くの皆様のご支援をいただき、本当に感謝しています。

私の想いを世の中に広めていただいた1冊目の『ディズニー・USJで学んだ現場を強くするリーダーの原理原則』に続き、この本を情熱を込めて世に出したいと関わっていただきました、内外出版社の関根真司様、ライターの福島結美子様、私の価値を信じていただいた早津茂久様、私をここまで志高く育てていただきましたコミュニケーションエナジー株式会社湯ノ口弘二講師、ディズニーに出逢わせてくれ、ずっと変わらぬ愛情を持って育ててくれた両親、近くで私を支えサポートしてくれた香、オリエンタルランド（ディズニーリゾート）・ユー・エス・ジェイ（ユニバーサルスタジオジャパン）の恩師、同志である素晴らしい仲間の皆さん、そして日頃から私を信じていただき、企業のさらなる発展と現場活性化のために変わらぬご縁を紡いでいただいている経営者、幹部の皆様、只者ではない現場リーダーの皆さん、社員さん、パート、アルバイトの皆さん、そして、株式会社ワンダーイマジニアの起業に関わっていただいた愛すべき皆さん、そして私にご縁をいただいたすべての皆さん、本当にたくさんの方のご縁のお陰です。

心より、大感謝です!!

幸福観とは感謝の心に気づくことからすべてが始まる……

今日も皆さまとのご縁を大切にしながら全国のどこかの地へ

２０１９年11月18日

今井 千尋 拝

今井 千尋（いまい　ちひろ）

1975年　神奈川県生まれ。立教大学卒。子供の頃の夢だった「ジャングルクルーズの船長さんになりたい！」を実現。株式会社オリエンタルランドに入社し、東京ディズニーランドの現場で、ゲストサービス、人財育成トレーニング業務に従事。東京ディズニーリゾート（東京ディズニーシー）開業準備時期であった2000年に東京ディズニーリゾートで働くすべてのキャストを中心にディズニーユニバーシティリーダーとして数千人の導入研修の担当として育成業務に従事、東京ディズニーリゾート初年度のキャスト受け入れに貢献。ゲストサービス関連の受賞も多数あり。

その後、ユニバーサルスタジオ・ジャパンを運営する株式会社ユー・エス・ジェイに入社。トレーニングスーパーバイザーとして、飲食部、リテールセールス部（物販部）、エンターテイメント部、オペレーション企画部、全社人事部採用トレーニングチームとテーマパークの運営企画から各部署での人財育成、開発の専門職を歴任し、ユニバーサルスタジオ・ジャパンのV字回復施策となる「Magical Moment Project」の立ち上げ参画メンバーとしてパーク内ゲストサービス力向上、運営力向上に貢献。また、企業内大学「Universal Academy」の立ち上げにも参画し、各種研修の企画や運営、さらには全クルーの模範であり、企業の顔となる入社時導入研修や研修育成トレーナー制度などの立ち上げに関わり、企業文化の醸成と人財育成、人財開発の仕組みを構築。人財育成、人財開発領域で貢献を果たす。

この経験をもとに、コミュニケーションエナジー株式会社取締役就任。現場V字回復人財育成、人財開発コンサルタント講師として、中小企業から東証一部上場企業、各経営団体、官公庁、学校団体、そして中国・上海を中心に海外でも講演、研修、コンサルティング、講義（授業）を行う。

ディズニーランドの創始者であるウォルト・ディズニーの哲学「夢は願うものではなく、叶えるものなんだ」を自らの体験としてわかりやすく、感動と驚き、情熱をもって伝える、その独特の人財育成トレーニングメソッドは、熱烈なファンも日本全国・海外にも多い。

現 株式会社ワンダーイマジニア 代表取締役。
